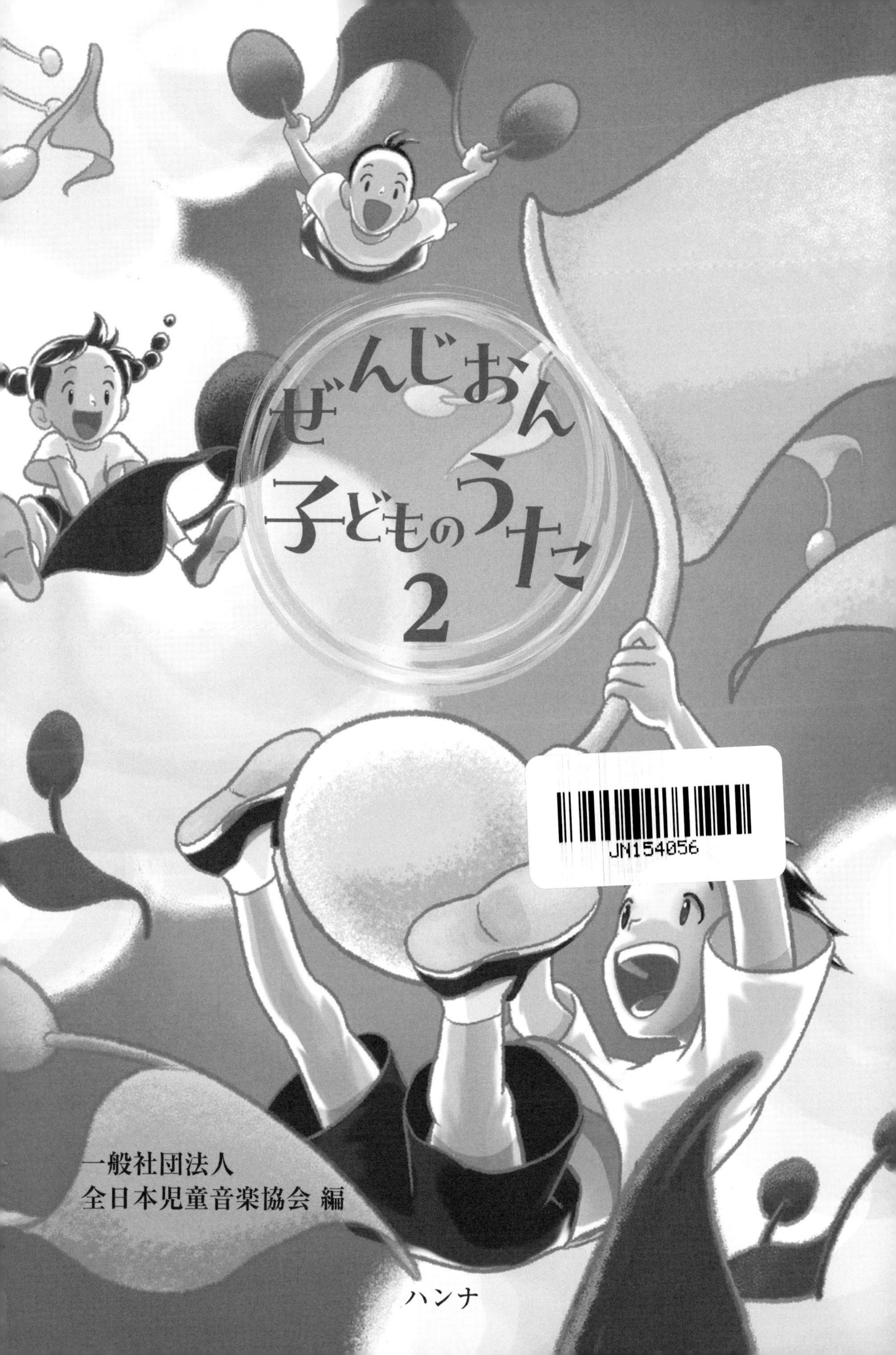

ぜんじおん 子どものうた 2

一般社団法人
全日本児童音楽協会 編

ハンナ

発刊にあたって

一般社団法人全日本児童音楽協会　会長
塚本一実

水面に

不思議な凹み

あめんぼう

2024年6月

目　次

※［　］数字は歌詞掲載ページを示す。
※作曲の都合で一部歌詞と違う箇所があります。

第４回新しい子どものうた作詞コンクール ごろちゃん賞（審査員特別賞）受賞作品

いかったイカクン

寺西　章　作詞
中田恒夫　作曲

作品へのコメント

イカクンは、あしにいたずらされて、いかっています。いかった感じが伝わるよう、勢いよく歌いましょう。フェルマータの前後、リズムの緩急をしっかり感じて歌うと、イカクンのびっくりぶりがばっちり表現されるでしょう。聴いている人たちがユーモアを楽しめるように、真剣な顔をして歌うのもポイントです。(中田恒夫)

16
て イ カ クン の あ し なめちゃっ た
て イ カ クン の あ し きっちゃっ た
tr
mf
21
f
イ カ ク ン お こ っ た イ カ ク ン い かっ た
イ カ ク ン お ど ろ き イ カ ク ン い かっ た
25
mp
い ら い ら い ら い ら い ら い ら い ら い ら
い っ ぱ い い っ ぱ い い っ ぱ い い っ ぱ い
p

いかったイカクン

寺西章

1

おウチは　ひろい　うみのなか
イカクン　ゆっくり　していたら
いきなり　イルカが　やってきて
イカクンのあし　なめちゃった
イカクンおこった　イカクンいかった
いらいら　いらいら　いらいら　いらいら
イカクン　いらいら　いかってる

2

ベッドは　ふかい　うみのそこ
イカクン　ぐっすり　ねていたら
いじわる　イセエビ　ちかづいて
イカクンのあし　きっちゃった
イカクンおどろき　イカクンいかった
いっぱい　いっぱい　いっぱい　いっぱい
イカクン　いっぱい　いかってる

あじさいの花《はな》

宝積侑子

一、あじさいの花《はな》が　咲《さ》いてます
とっても綺麗《きれい》に　咲《さ》いてます
ちいさな花《はな》が　あつまって
おおきな花《はな》に　なりました

二、あじさいの花《はな》が　咲《さ》いてます
青《あお》や紫《むらさき》　ピンク色《いろ》
色《いろ》とりどりの　まるい花《はな》
みんなニコニコ　咲《さ》いてます

三、あじさいの花《はな》が　咲《さ》いてます
雨《あめ》でも元気《げんき》に　咲《さ》いてます
どこから来《き》たの　カタツムリ
葉《は》っぱのかげで　雨《あま》やどり

にじいろのヒヤシンス

いわもとこうすけ

一、ぼくにはそう　みえるんだ
まあるいきゅうこん　そのなかに
なないろのゆめがつまっていてね
ふゆをのりこえ　あふれるの
まちどおしいな　うれしいな
にじいろの（にじいろの）　ヒヤシンス

二、わたしはこう　みえるんだ
まあるいきゅうこん　そのなかに
まんてんのほしがつまっていてね
ふゆをこらえて　はじけるの
まちどおしいな　うれしいな
にじいろの（にじいろの）　ヒヤシンス

あじさいの花

宝積侑子　作詞
平井由美　作曲

作品へのコメント

40年前に挿し木した、あじさいが、今では立派な木になり、毎年たくさんのあじさいが咲き誇り、皆を楽しませてくれています。(宝積侑子)

ピアノの伴奏で、降りかかる雨の様子を表現してみましたが、途中十六分音符のところが弾きづらいようなら、上のメロディーの部分だけ弾いてもかまいません。(平井由美)

♩≒78
1.2.3. あ じ さ い の は な ー が さ い ー て ま す
と っ て も き れ い ー に さ い ー て ま す ち
あ お や む ら ー さ ー き ピ ン ー ク い ろ い
あ め で も げ ん き ー に さ い ー て ま す ど

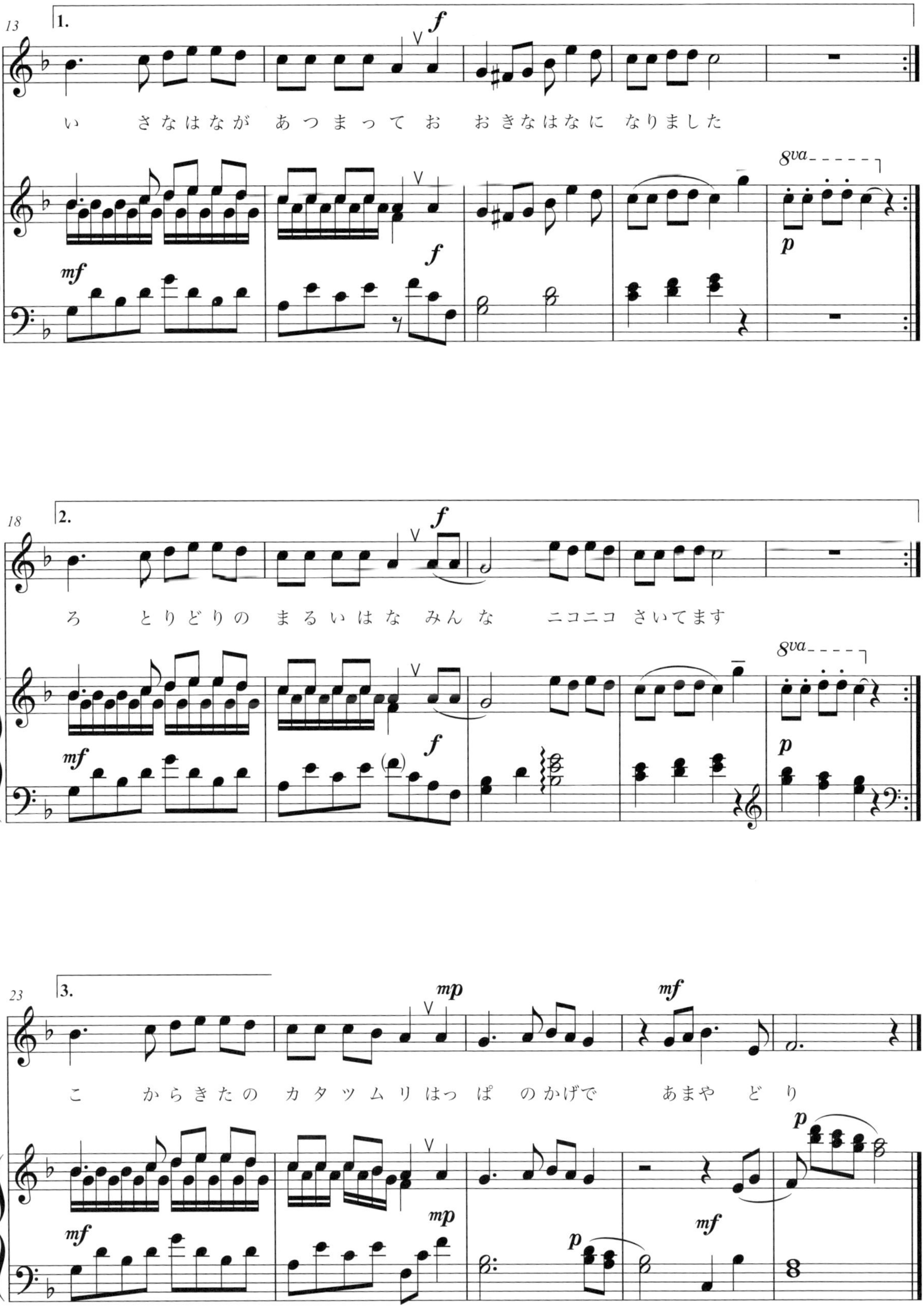
13
1.
f
い　さなはなが　あつまって　お　おきなはなに　なりました
mf
8va
p
18
2.
f
ろ　とりどりの　まるいはな　みんな　ニコニコ　さいてます
mf
8va
p
23
3.
mp
mf
こ　からきたの　カタツムリはっぱ　のかげで　あまや　どり
p
mp
p
mf

第４回新しい子どものうた作詞コンクール こいのぼり賞（優秀賞）受賞作品

にじいろのヒヤシンス

いわもとこうすけ　作詞
小林仁美　作曲

作品へのコメント

作曲にあたり何十年ぶりかにヒヤシンスを育ててみました。可愛らしい、まあるい球根から美しい花を咲かせてくれました。甘い香りがします。「ぼく」「わたし」になった気分で、詩の幻想的な情景を思い浮かべて歌っていただけると嬉しいです。（小林仁美）

♩= 104
p
5
mp
ぼ く に は　そう　みえるんだ
mp
11
ま あ る い　きゅうこん　そのなかに ー
17
mf
な な い ろ の ゆ め が ー つ ま っ て い ー て
mf
8va

23
mp
ね ー ふ ゆ を の り こ え
(8va)
mp
29
あ ふ れ ー る の ー
ま ち ど お し い な う れ
35
f
し い な に じ い ろ の に じ い ろ の
f
41
mp
ヒ ヤ シ ン ス ー
mp
p

わたしは こう みえるんだ
まあるい きゅうこん そのな
かに ー まんてんの ほし
が ー つまって い ー て

ね ー ふ ゆ を こ
ら え て は じ け ー る の ー
ま ち ど お し い な う れ し い な に じ い
ろ の に じ い ろ の

85
ヒ ヤ シ ン ス にじい
89
f
ろ の に じ い ろ の
93
ヒ ヤ シ ン ス ー
mp
97
molto rit.
p
pp

チャリンコ

鈴木紀代

だいすきパパが　とおくへいくとき
チャリンコのせて　くれるんだ
パパチャリ　パパチャリ
スイスイスイスイ　スイッスイ
はやいぞパパチャリ　スイッスイ

やさしいママが　かいものいくとき
チャリンコのせて　くれるんだ
ママチャリ　ママチャリ
クネクネクネクネ　クネックネ
ほそみちママチャリ　クネックネ

まいにちボクは　れんしゅうしたから
チャリンコひとりで　こげるんだ
ボクチャリ　ボクチャリ
スッテンコロリン　コロリンコ
へたっぴボクチャリ　コロリンコ

ゆめのまくら

甲斐絢子

1番
もしも　じゆうに
ゆめをみれる　まくらがあったら

カエルのように　ぴょっこぴょこ
みどりのなかを　はしりまわるの

みずたまりを　とびこえて
はっぱのしたで　かくれんぼ
つちにもぐって　ひとやすみ
ぴょっこぴょっこ　ぴょっこぴょっこ
ぼうけんのゆめを　みにいこう

2番
もしも　じゆうに
ゆめをみれる　まくらがあったら

ひろいうちゅうで　ぷっかぷか
ほしをめぐって　たびをしたいな

ながれぼしに　とびのって
まっくらやみで　ちゅうがえり
うちゅうじんとも　ともだちさ
ぷっかぷっか　ぷっかぷっか
ぼうけんのゆめを　みにいこう

写真

秋山くに　作詞
北澤秀夫　作曲

作品へのコメント

古い写真をみるとついその頃の思い出にひたってしまいます。捨てろと言われても、捨てられません。（北澤秀夫）

写真

秋山くに

むかしの　しゃしん
だいすきバーバと
おはなしできるから

ぼくの　しゃしん
ママのおひざで
わらってる

とおくの　しゃしん
せかいのできごと
おしえてくれる

カメラマンさん
ありがとう
ぼくもなりたいカメラマン

作品へのコメント

チャリンコ

鈴木紀代　作詞
北澤秀夫　作曲

ここ数年来、コロナ禍で在宅勤務のパパが増えたせいか、パパが子供を乗せてこいでいるチャリンコをよく見かけるようになった。パパより前の席で、男の子が風を切って楽しそうに乗っている。とは言え「ママチャリ」が一番多い。手なれたもので、どこへでも一心同体のように行く。子供用の小さい自転車をこぎ始めたその子供が、いきなり上手にこげるようになるわけではない。三者三様のほほえましいチャリンコ模様を書いてみた。（鈴木紀代）

「スイスイ」と乗るのも楽しいものです。今東京ではスイスイと行かない。危なくて乗れません。交通ルールを守って乗りましょう。特にスピードの出し過ぎには気をつけましょう。（北澤秀夫）

Coda
21
少しおそく
3.まいにちボクはれんしゅうしたからチャリンコ
少しおそく
26
ひとりでこげるんだ ボクチャリ ボクチャリ スッテンコロリン
32
コロリンコ へたっぴ ボクチャリ コロリンコ
37
mf
tr

きこえる

甲斐絢子　作詞
塚本一実　作曲

作品へのコメント

みどりいっぱいの原っぱに行くと、風や木々、鳥の声がきこえてきました。
時代や季節、時間によって、いろいろな音がきこえてくると思います。
ほらっ！　きこえるよ。あんな音やこんな音、今日はどんな音がきこえてくるかな？（甲斐絢子）

19
1.
2.
かぜのうた
ひかるは
な きこえる
26
きこーえる きこーえる
Ped. sempre
32
きこえる きこーえる きこ
38
ーえるー
ねえねえ きこえる
Ped. sempre

45
な ん の お と
シャク シャク シャク シャク
パラッ パラッ パラッ パラッ
Swing
51
あ き の じゅう た ん ふ み し め て おち ば か
ふ ゆ の だい ち に ふ り そ そ ぐ ちょっ と つ
56
1.
2.
な で る ハ ー モ ニ ー ト
め た い プ レ ゼ ン
62
き こ え る き こ ー え る き こ
Ped. sempre

きこえる

甲斐絢子

1番
ねぇ　ねぇ　きこえる　なんのおと
ヒュー　ヒュー　ヒュー　ヒュー
はるのにおいを　つれてきた
ゆめいっぱいの　かぜのうた

ねぇ　ねぇ　きこえる　なんのおと
ドーン　ドン　ドーン　ドン
なつのよぞらに　パッとさく
いろとりどりの　ひかるはな

きこえる　きこえる　きこえる
きこえる　きこえる　きこえる

2番
ねぇ　ねぇ　きこえる　なんのおと
シャク　シャク　シャク　シャク
あきのじゅうたん　ふみしめて
おちばかなでる　ハーモニー

ねぇ　ねぇ　きこえる　なんのおと
パラッ　パラッ　パラッ　パラッ
ふゆのだいちに　ふりそそぐ
ちょっとつめたい　プレゼント

きこえる　きこえる　きこえる
きこえる　きこえる　きこえる

ゆめのまくら

甲斐絢子　作詞
久保共生　作曲

作品へのコメント

子どものころ、寝るときには、父のオリジナルのお話をきいていました。青い玉、赤い玉、黄色い玉、好きな色の玉を選ぶと、たちまちいろいろな世界に飛んで行きます。毎晩、どんな世界に行くのか、ワクワク、ドキドキしていた気持ちを思いだして書きました。(甲斐絢子)

楽しく弾むような、わくわくするような気分で歌ってください。14～19小節は少しレガートで、さまざまな夢に思いを馳せるように、ロマンを感じながら歌ってください。(久保共生)

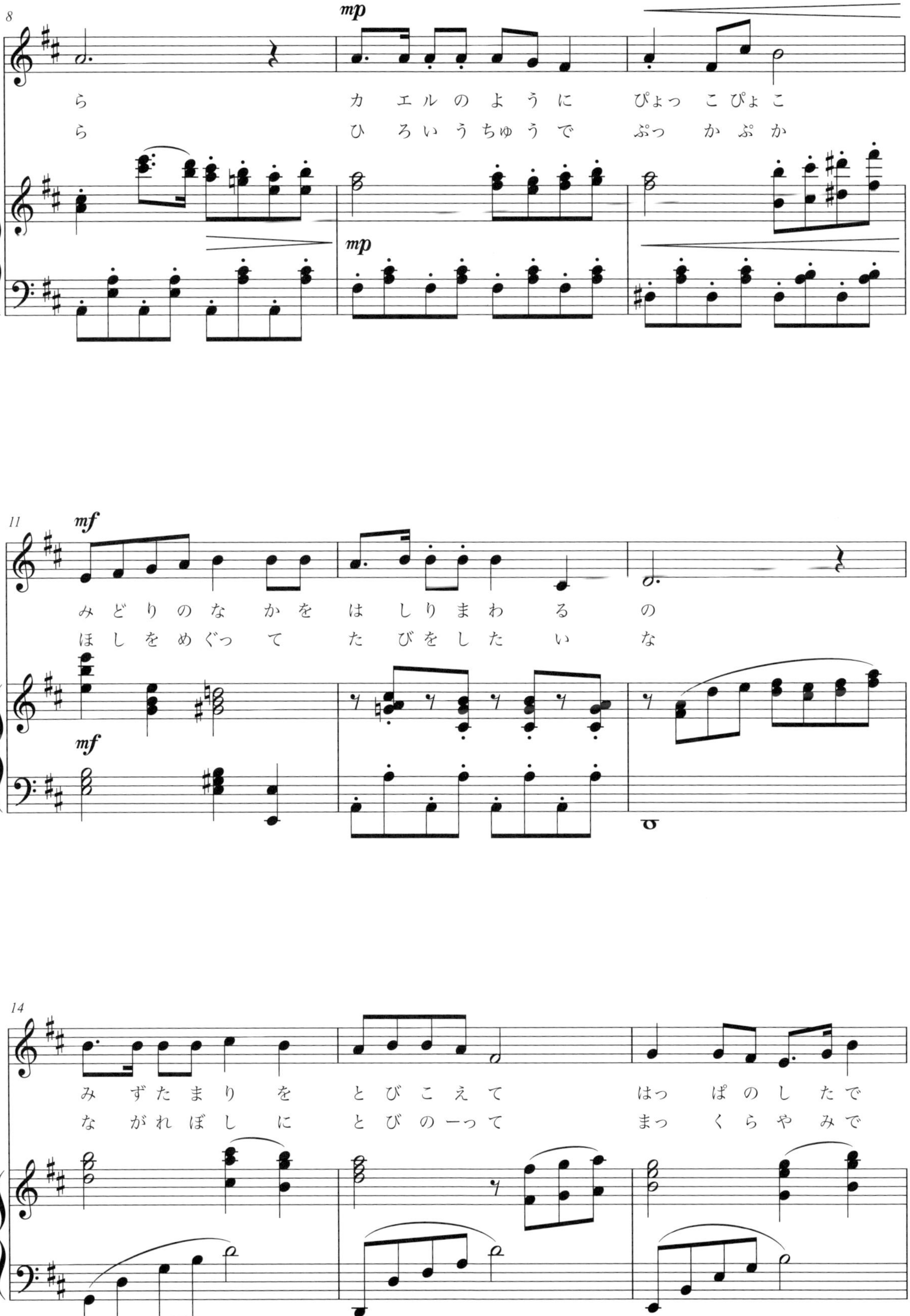
8
mp
ら カ エ ル の よ う に ぴょっ こ ぴょ こ
ら ひ ろ い う ちゅ う で ぷっ か ぷ か
mp
11
mf
み ど り の な か を は し り ま わ る の
ほ し を め ぐっ て た び を し た い な
mf
14
み ず た ま り を と び こ え て はっ ぱ の し た で
な が れ ぼ し に と び の ーっ て まっ く ら や み で

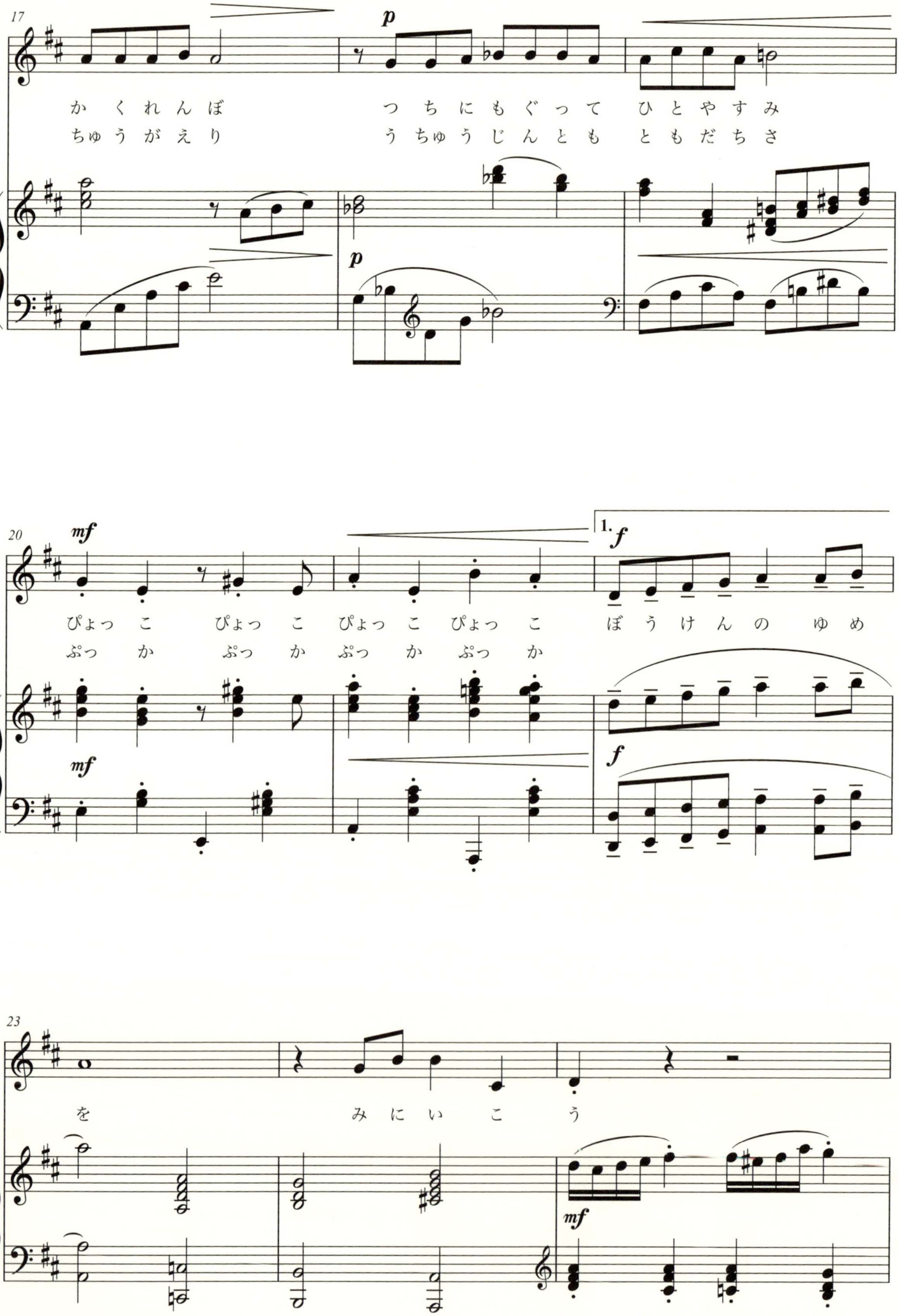
17
p
かくれんぼ　つちにもぐって　ひとやすみ
ちゅうがえり　うちゅうじんとも　ともだちさ
20
mf
1.
f
ぴょっこ　ぴょっこ　ぴょっこ　ぴょっこ　ぼうけんの　ゆめ
ぷっか　ぷっか　ぷっか　ぷっか
23
を　みにいこう

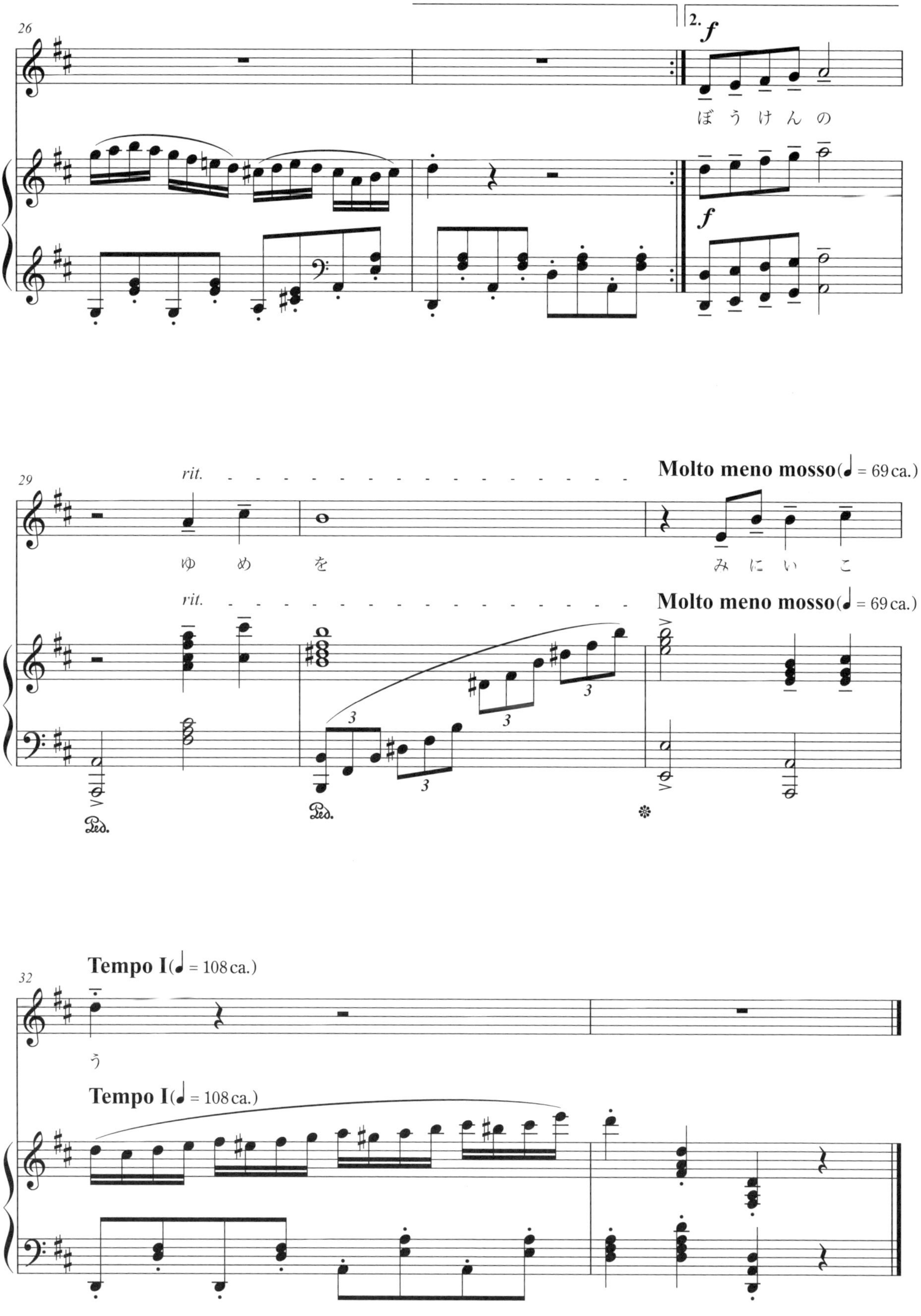
26
2.
ぼ う け ん の
29
rit.
ゆ め を
Molto meno mosso(♩ = 69 ca.)
み に い こ
32
Tempo I(♩ = 108 ca.)
う

あのこ

境　まさる　作詞
上田ますみ　作曲

作品へのコメント

引っ越していく子、引っ越してきた子、送り出す子、迎える子……みんなそれぞれ、いつもとは違う特別な感情で迎える引っ越し。自分の気持ち、相手の気持ち、それを思いやる気持ち……1人ひとりの気持ちを唄いながら思い浮かべてみてください。（境まさる）

『あのこ』の詩をよみ、娘がまだ小さい頃、同じような経験をしたことを思い出しました。いつの間にかいなくなってしまったお友だちのことはその後も折に触れ娘と話をしています。「なんにもいわず　いったけど　きっとあのこもおもってる　ずっとなかよし　いつまでも　わたしのだいじな　おともだち」（3番より）私にとっても娘のだいじなおともだち……どうしているのかな……祈りと想いをこめて曲をつくりました。（上田ますみ）

13
う ち に ー や っ て き た ー す ぐ に な
な ま え ー か わ っ て た ー せ っ か く
の こ も ー お も っ て る ー ず っ と な
17
か よ く ー あ そ ん だ よ あ し た も
なか よ く ー な れ た の に きょう ー も
か よ し ー い つ ま で も わ た し の
21
3
to Φ
あ そ ぼ う ー と は な し し た あ し た も
あ そ ぼ う ー と し て た の に きょう ー も
だ い じ な
25
3
あ そ ぼ う ー と は な し し た
あ そ ぼ う ー と し て た の に
R.H.
R.H.

29
1.
2.
2. あ の こ
3. あ の こ
8va
8va
R.H.
D.S.
Coda
33
ー おともだち
わたしの
36
3
だいじな ー おともだち
わたしの
40
3
だいじな ー おともだち ー おともだ

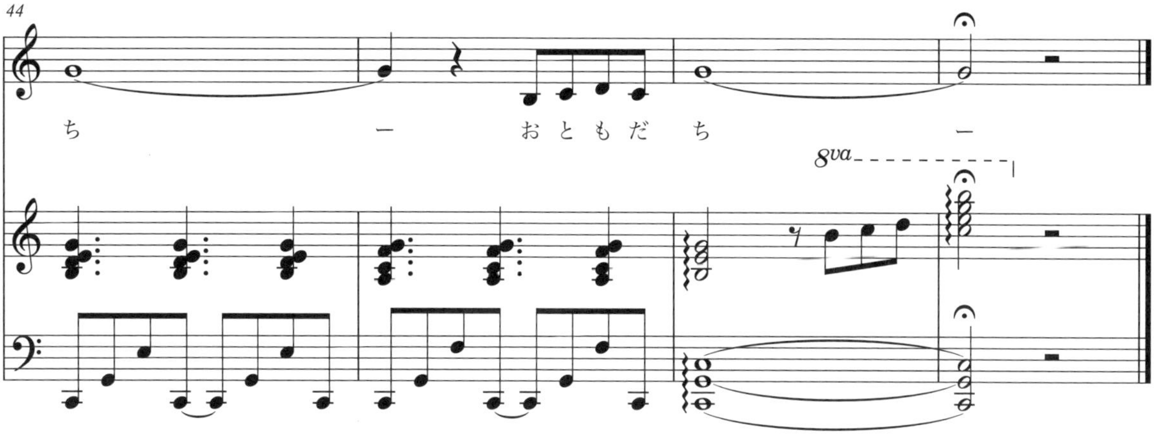

あのこ

境まさる

あのこはどこからきたのかな
しらないうちにひっこして
きんじょのうちにやってきた
すぐになかよくあそんだよ
あしたもあそぼう　とはなしした

あのこはどこにいったかな
しらないうちにひっこして
おうちのなまえかわってた
せっかくなかよくなれたのに
きょうもあそぼう　としてたのに

あのこはどうしているのかな
なんにもいわずいったけど
きっとあのこもおもってる
ずっとなかよしいつまでも
わたしのだいじな　おともだち

わたあめ

境まさる

棒《ぼう》の先《さき》にはわたあめが
その後《うし》ろには縁日《えんにち》の
屋台《やたい》の灯《あか》りジリジリと
口《くち》に含《ふく》んだわたあめは
灯《あか》りのようににじんでく

棒《ぼう》の先《さき》にはわたあめが
その真上《まうえ》にはわたあめに
よく似《に》た雲《くも》が流《なが》れてく
夕立《ゆうだ》ち後《あと》のあかね空《ぞら》
去《さ》りゆく雲《くも》は急《いそ》ぎ足《あし》

棒《ぼう》の先《さき》にはわたあめが
その手元《てもと》にはふくらんだ
ヨーヨー下《さ》げてブラブラと
縁日帰《えんにちがえ》り　両手《りょうて》には
楽《たの》しい夢《ゆめ》と宝物《たからもの》

わたあめ

境まさる　作詞
小田実結子　作曲

作品へのコメント

縁日では必ずと言っていいほど見かけるわたあめ。あまりにも縁日に馴染んでいて日本産まれだとばかり思っていましたが、あの機械はアメリカが発祥だそうですね。にぎやかで楽しく風情があり、でもどことなく危なっかしさも漂う空間、そんな縁日を散策している気持ちで唄ってくれたらうれしいです。(境まさる)

わたあめの周りに見えるさまざまな情景に興味が広がっていくなかで、音楽の色合いも少しずつ変化します。付点のリズムにのって、縁日の楽しい雰囲気を想像しながら歌ってみてください。(小田実結子)

13
mp
mf
く ち に ふ く ん だ
わ た あ ー め は
ゆ う だ ち あ と の
あ か ね ー ぞ ら
え ん に ち が え り
りょ う て ー に は
mp
mf
17
f
1, 2.
mf
あ か り の よ う に
に じ ん ー で く
2. ぼ う
さ り ゆ く く も は
い そ ぎ ー あ し
3. ぼ う
た の し い ゆ め と
た か ら ー も
f
21
3.
の
rit.
mp

なんくるないさ

ささじかおり

ああ　毎朝《まいあさ》起《お》きるのブーブーブー　ああ　友達《ともだち》作《つく》るのヒーヒーヒー
ああ　比《くら》べられるのシクシクシク　ああ　毎日毎日《まいにちまいにち》たいへんだ

でも　そんな時《とき》には　そんな時《とき》には
沖縄《おきなわ》生《う》まれのすてきな言葉《ことば》　つぶやいて　さぁ

なんくるないさ　ゴーゴーゴー　笑《わら》っていたら　見《み》えてくる
なんくるないさ　ゴーゴーゴー　歌《うた》っていたら　こえてゆく

まくとぅそーけー　なんくるないさ
なんとかなるなるなるはずさ
青《あお》い空《そら》

ああ　勉強《べんきょう》しててもワケワカメ　ああ　きらいな食《た》べ物《もの》ノーノーノー
ああ　走《はし》ってつかれてフーフーフー　ああ　毎日毎日《まいにちまいにち》たいへんだ

でも　そんな時《とき》には　そんな時《とき》には
沖縄《おきなわ》生《う》まれのまほうの言葉《ことば》　つぶやいて　さぁ

なんくるないさ　ゴーゴーゴー　いつか必《かなら》ず　飛《と》んでみせる
なんくるないさ　ゴーゴーゴー　続《つづ》けていたら　強《つよ》くなれる

まくとぅそーけー　なんくるないさ
なんとかなるなるなるはずさ
青《あお》い海《うみ》

パパといっしょに

鈴木紀代

パパといっしょに　おててつないで
おでかけだ　おでかけだ
パパの一ぽは　ぼくの三ぽ
チョコチョコチョコチョコ　まえむいて
どこまでだって　どこまでだって
ついていく　ついていく

パパといっしょに　やってきたのは
こうえんだ　こうえんだ
パパの一ぽは　ぼくの三ぽ
チョコチョコチョコチョコ　てをはなし
ブランコめざして　ブランコめざして
はしるんだ　はしるんだ

パパといっしょに　いまきたみちを
かえるんだ　かえるんだ
パパの一ぽは　ぼくの三ぽ
チョコチョコチョコチョコ　つかれたよ
あるきたくない　あるきたくない
だっこして　だっこして

ここがふるさと

田沢節子

今日《きょう》　卒業式《そつぎょうしき》を　迎《むか》え
見送《みおく》られて
巣立《すだ》つ　私《わたし》たち

思《おも》い出《で》は　ありすぎて
言葉《ことば》に　ならないけれど
見守《みまも》り　導《みちび》いてくれた人《ひと》
仲間《なかま》のぬくもり　あったから
前《まえ》に進《すす》めた

走《はし》りまわった　校庭《こうてい》
涙《なみだ》をふいてくれた　風《かぜ》
ここが私《わたし》たちの　ふるさと

未来《みらい》の自分《じぶん》への　手紙《てがみ》を入《い》れた
タイムカプセル　ここにうめ
育《そだ》てた
花《はな》の種《たね》　分《わ》け合《あ》って

色《いろ》とりどりの　夢《ゆめ》の花《はな》
咲《さ》かせるために
私《わたし》たちは今《いま》　巣立《すだ》ちます

ありがとう　ありがとう　ありがとう

なんくるないさ

ささじかおり 作詞
神保創一 作曲

作品へのコメント

沖縄の音楽によくみられる音階やリズムを少し織り交ぜてみました。歌詞に皆さん自身の気持ちを重ねて、表情豊かに歌ってもらえると嬉しいです。また、お好みで、身ぶり手ぶりやちょっとしたダンスなど、体の動きを付けてみてはいかがでしょうか。(神保創一)

「まくとぅそーけー なんくるないさ！」(正しい行いをしていればなんとかなる！)という沖縄の素敵な方言をみんなに紹介したく、この曲を書きました。沖縄の青い海と空を思い浮かべて元気に歌ってみましょう！ (ささじかおり＋神保創一)

【★（　）の部分は余裕のある場合に、グループ分けをして歌ってみてください】

【★２か所の「ゴーゴーゴー」は、かけ声のようにしたり、体の動きをつけてみてもよいでしょう】

なんくるないーさ ゴーゴーゴー うたーっていたーら
なんくるないーさ ゴーゴーゴー つづけていたらつ
こえてゆく まくとぅそーけー なんくるないさ
よくなれる まくとぅそーけー なんくるないさ
なんとかなるなるなるはずさ あおいそ
なんとかなるなるなるはずさ あおいう

月《つき》の船《ふね》のぼうけん

ささじかおり

月《つき》の船《ふね》を　こいでこいで　夜《よる》の海《うみ》を　わたる
よせる波《なみ》の　なみだこえて　きっと会《あ》いに　行《ゆ》くよ
にぬふぁ星《ぶし》は　光《ひか》る光《ひか》る　夜《よる》の海《うみ》の　しるべ
星《ほし》があれば　こわくないよ　はてのうるま　めざして
ラララララ夜《よる》の　ラララララ海《うみ》を
ラララララひとり　ラララぼうけん

魚《さかな》たちは　およぐおよぐ　夜《よる》の海《うみ》の　下《した》で
まよう船《ふね》の　前《まえ》を行《ゆ》くよ　昔《むかし》からの　友《とも》だち
風《かぜ》の音《おと》が　歌《うた》を歌《うた》う　夜《よる》の海《うみ》の　ぶたい
口《くち》ずさめば　思《おも》い出《だ》すよ　昔《むかし》からの　メロディ
ラララララ遠《とお》い　ラララララきおく
ラララララたどり　ラララぼうけん

月《つき》の船《ふね》を　こいでこいで　夜《よる》の海《うみ》を　わたる
よせる波《なみ》の　なみだこえて　きっと会《あ》いに　行《ゆ》くよ

パパといっしょに

鈴木紀代　作詞
神保創一　作曲

作品へのコメント

ある日の昼下がり、パパと一緒に一生懸命小さな歩幅で歩いている坊やに出くわしました。高い所から下りて来ているパパの大きな手と坊やの小さな手は、しっかり結ばれていました。余りの可愛らしさに、私は足を止めて見つめてしまいました。元気よく公園へ遊びに行っている二人を想像すると、帰りは疲れ切ってパパにだっこされている坊やの姿が疑いようもなく目に浮かんで来るようでした。（鈴木紀代）

小さい子どもに歌っていただくことはもちろん、大人の皆さんにも気軽に口ずさんでいただければ幸いです。 特に大人の皆さんにとっては、いま在る二人の情景か、あるいはまだ小さかった頃の我が子の姿か、はたまた自分自身の子ども時代への憧憬か。歌い手として歌詞に抱くイメージを自由に映していただければと思います。かくいう私も、上記の全てをイメージしながらの作曲でしたが……。最もこめられているのは、元気に走り回り、永く健やかに成長できますようにとの、我が子への強い想いであり、祈りです。（神保創一）

ぼくの さんぽ チョコ チョコ チョコ チョコ まえむいて
ぼくの さんぽ チョコ チョコ チョコ チョコ てをはなし
どーこま でだーってー どーこま でだーってー
ブランコ めざしてー ブランコ めざしてー
ついていく ついていく

2.
はしるんだ　はしるんだ
8va
rit.
♩= 74くらい
mp
3.パパといっしょに　いまきたみちを　かえるんだ　か
えるんだ　パパのいっぽは　ぼくのさんぽ
mf

31
チョコ チョコ チョコ チョコ つかれたよ
あるき たくないー
34
mp
あるき たくないー
mp
だっこ して
8va
37
meno mosso
a tempo
mf
だっこ して ー
meno mosso
a tempo
mf
39
rit.
mp
p
pp

ここがふるさと

田沢節子　作詞
中山まり　作曲

作品へのコメント

小学校の卒業の時をイメージして書きました。歌っていただけたら嬉しく思います。(田沢節子)

　卒業をむかえ、それまでの学校生活をふり返ると楽しかったこと、涙したこと、友達、先生、校舎……さまざまな思い出がよみがえってきます。感謝の気持ちをこめて晴れやかに。歌いましょう。(中山まり)

♩ = 96
5
9
unis.
きょう そ つぎょうし きをむかえ み おくられてすだつ わたしたち お

けれど
もいではありすぎて ことばにならないけれど
みまもりみちびいて くれたひとー ぬくもり
みまもりみちびいて なかまのぬくもり
あったからーまえにすすめた
まーえにすすめた
はしりまわった こうて
こうていー

27
い　くれたかぜー
なみだをふいて　くれたかぜー
29
ここがわたし　たち　のー
ここがわたし　たち　のー
31
f
ふるさ　ここがわたしたちのふるさと　みらい
ふるさと　ルルル　みらい
f
8va

34
の　ーじぶんへ　のーてがみ
の　ーじぶんへ　のーてがみ
36
を　ーいれた　タイムカプセル　そ
を　ーいれた　タイムカプセこにうめ　そ
39
だ　てたはなの　た　ね　ー　わ　け　あーーっ
だ　てたはなの　た　ね　た　ね　ル　ル

42
meno mosso ゆっくりおちついて
て
unis.
ル
いろとりどりの ゆめのはなさかせる ため
rit.
meno mosso
mp
わたしたちはいー まいますーだちま
46
に わたしたちは いま すだ ちーまー
rit.
す ありがとう ありがとう
50
す ありがとう u– ありがとう
p
rit.

つるん　つるん　ひゃー！

しもじゆうき　作詞
小林仁美　作曲

作品へのコメント

楽しんで、ノッて歌っていただけると嬉しいです。３番は少しテンポアップしています。ノリノリで締めくくりましょう！（小林仁美）

13
ね、 あ る ひ す べすべ の「き」
ね、 な いしょ つ るつる の「き」
つかんだら つるんつるん すってんころ り じめんへ
17
まっ さかさまー そ の なもー さ る す べ り ー
21
f
つ る り ん つ る り ん す っ て け てー！つ る り ん つ る りん す っ て け てー！
f
25
お さ る が お ち る、さ る す べ り お さ る も「き」か ら お っ こ ち る

29
shout!
1.
つるんつるん ひゃー！ つるんつるん ひゃー！
33
2.
accel.
♩= 124
f
37
mf
3. ボク、 きのぼり じまんさ どんな たかい「き」だって とんでゆ く
mf
41
ボク もりの みんな かぜの ヒーロー ってよーんでる でも

45
mf
ね、 ひ みつ お ちーちゃう「き」 つかんだら つるんつるん すってんころり じめんへ
mf
49
まっ さかさまー そ の なもー さ る す べ り ー
53
f
つ る り ん つ る り ん すっ て けてー！ つ る り ん つ るりん すっ て けてー！
f
57
お さ る が お ち る、 さ る す べ り おさるも「き」から おっ こ ち る

つるん つるん ひゃー！

しもじゆうき

（ヴァース）
つるん つるん ひゃー！
「おさるさんがおっこちた」

1、ボク、きのぼり だいすき
どんな たかい「き」だって
へっちゃらさ
ボク
もりのみんな
きのぼりめいじんって
よぶんだ
でもね、あるひ
すべすべの「き」
つかんだら
つるんつるん すってんころり
じめんへまっさかさま
そのなも さるすべり

つるりんつるりんすってけてー！
つるりんつるりんすってけてー！
おさるがおちる、さるすべり
おさるも「き」からおっこちる
つるんつるんひゃー！
つるんつるんひゃー！

2、ボク、きのぼり とくいだ
どんなたかい「き」だって
へっちゃらさ
ボク
もりのみんな
かっこいいやつって
いうんだ
でもね、ないしょ
つるつるの「き」
つかんだら
つるんつるん すってんころり
じめんへまっさかさま
そのなも さるすべり

つるりんつるりんすってけてー！
つるりんつるりんすってけてー！
おさるがおちる、さるすべり
おさるも「き」からおっこちる
つるんつるんひゃー！
つるんつるんひゃー！

3、ボク、きのぼり じまんさ
どんなたかい「き」だって
とんでゆく
ボク
もりのみんな
かぜのヒーローって
よんでる
でもね、ひみつ
おちちゃう「き」
つかんだら
つるんつるんすってんころり
じめんへまっさかさま
そのなもさるすべり

つるりんつるりんすってけてー！
つるりんつるりんすってけてー！
おさるがおちる、さるすべり
おさるも「き」からおっこちる
つるんつるんひゃー！
つるんつるんひゃー！

あぁ、くやしい！さるすべり

月の船のぼうけん

ささじかおり　作詞
Oga-P　作曲

作品への
コメント

　何かに挑戦することは常に冒険であり、暗闇の中、自分の手によって船をこいでいかなければいけません。そんな不安な中でも、常にそこにある自然の光、友達の面影、そして心に残る歌を頼りにして、困難を乗り越えていってほしいという思いを込めてこの曲を書きました。（ささじかおり）

　星々を旅する一人の少年の姿をゆったりとした三拍子のリズムで描きました。はじめての一人旅なのでしょうか、所々に現れるマイナーコードにほんの少しの不安、孤独さを表しました。それでも、この歌を口ずさみながら宇宙を旅していくのでしょう。サビのメロディは少しセンチメンタルながらも自分を元気づけるようなものにしました。誰もがこの星の旅人。たくさんの方にこの歌を歌っていただけることを祈っております。（Oga-P）

13
mp
つきのふねをこいでーこいでーよるのーう
さかなたちはおよぐーおよぐーよるのーう
つきのふねをこいでーこいでーよるのーう
18
cresc.
みをーわたるーーよせるーなみのーなみ
みのーしたでーーまようーふねのーまえ
みをーわたるーーよせるーなみのーなみ
cresc.
23
(小音符は2番)
to Φ
だこえてきーっとーあいにーゆく
をゆくよむかしーからのともだ
だこえてきーっとーあいにーゆく

27
mp
よ に ぬ ふぁ ぶ し は ひ か る ー ひ か
ち か ぜ の お と が う た を ー う た
mp
32
る ー よ る の ー う み の ー し る べ ー ー
う ー よ る の ー う み の ー ぶ た い ー ー
37
cresc.
ほ し が ー あ れ ば ー こ わ く な い よ は て の ー う る
く ち ず ー さ め ば ー お も い だ す よ む か し ー か ら
cresc.
42
cresc.
mf
ま め ざ し て ー ー ラ ラ ラ ラ ラ ラ ー よ る
の メ ロ デ ィ ー ー ラ ラ ラ ラ ラ ラ ー と お
cresc.
mf

47
に ー ラ ラ ラ ラ ラ ラーうみ を ー
い ー ラ ラ ラ ラ ラ ラーきおく ー
53
cresc.
ラ ラ ラ ラ ラ ラ ひ と り ラララー ー ぼうけ
ラ ラ ラ ラ ラ ラ た ど り ラララー ー ぼうけ
cresc.
Coda
59
mp
ん ー
ん ー
D.S.
よ きーっとー あ
mp
64
い にーゆく よ

終わるな　夏休み

東西　薫　作詞
木村茂雄　作曲

作品へのコメント

スマホやパソコンなどのVRから離れ、思いっきり動物や自然、宇宙などの“ステキ”にふれて、記憶に残る思い出をたくさん作って欲しい。（東西薫）

東西薫様の詩には、日本の懐かしい風景、夏祭りや昆虫を追いかけて走り回った鎮守の森を思い出させてくれる懐かしさを感じました。前半は明るく元気よく、後半は、夜空を見上げ少し寂さを感じて歌ってくれると嬉しいです。（木村茂雄）

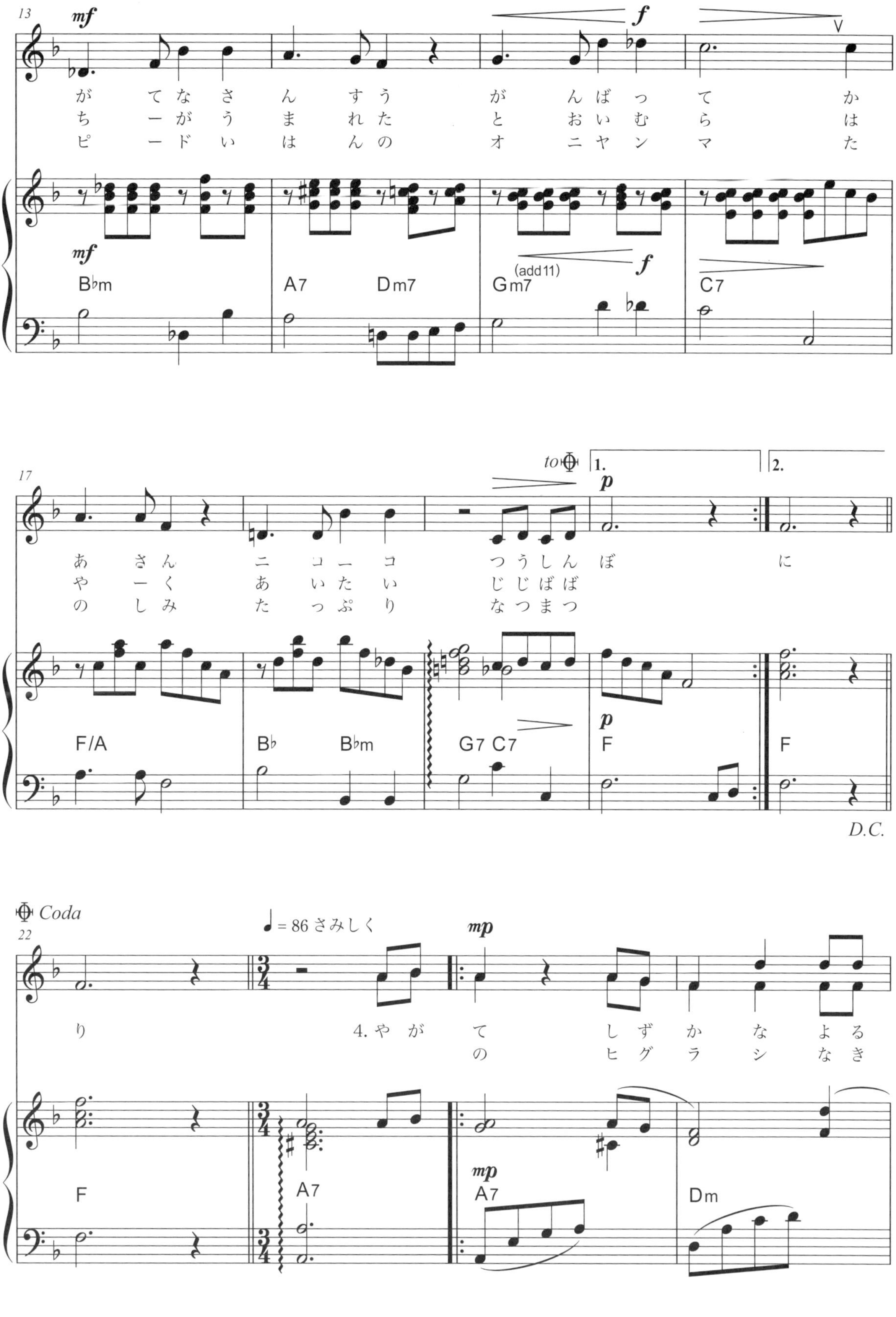
13
mf
f
が て な さ ん す う が ん ば っ て か
ち ー が う ま れ た と お い む ら は
ピ ー ド い は ん の オ ニ ヤ ン マ た
B♭m A7 Dm7 Gm7(add11) C7
17
to Φ
1.
2.
p
あ さ ん ニ コ ー コ つ う し ん ぼ に
や ー く あ い た い じ じ ば ば
の し み た っ ぷ り な つ ま つ
F/A B♭ B♭m G7 C7 F F
D.C.
Φ Coda
22
♩= 86 さみしく
mp
り 4. や が て し ず か な よ る
の ヒ グ ラ シ な き
F A7 A7 Dm

26
にな一りよぞら一をわ一た一るあまのが一
はじ一めな一つ一がおわる一とつげにき一
C9
F6
A7 D A7
A7 D
mp
D9/F♯
31
rit.
きえる
いろいろ
p
pp
わうまれてきえるなが
たおもいでいろいろえて
Gm
C9/E
A♭/E♭
G7(♭9)/D
E7(♭9)/G♯
A7
35
a tempo
mp
れぼしそしてみつけたはくちょう
がみにかいておくったちちはは
A7
Dm6
Gm6/B♭
A7

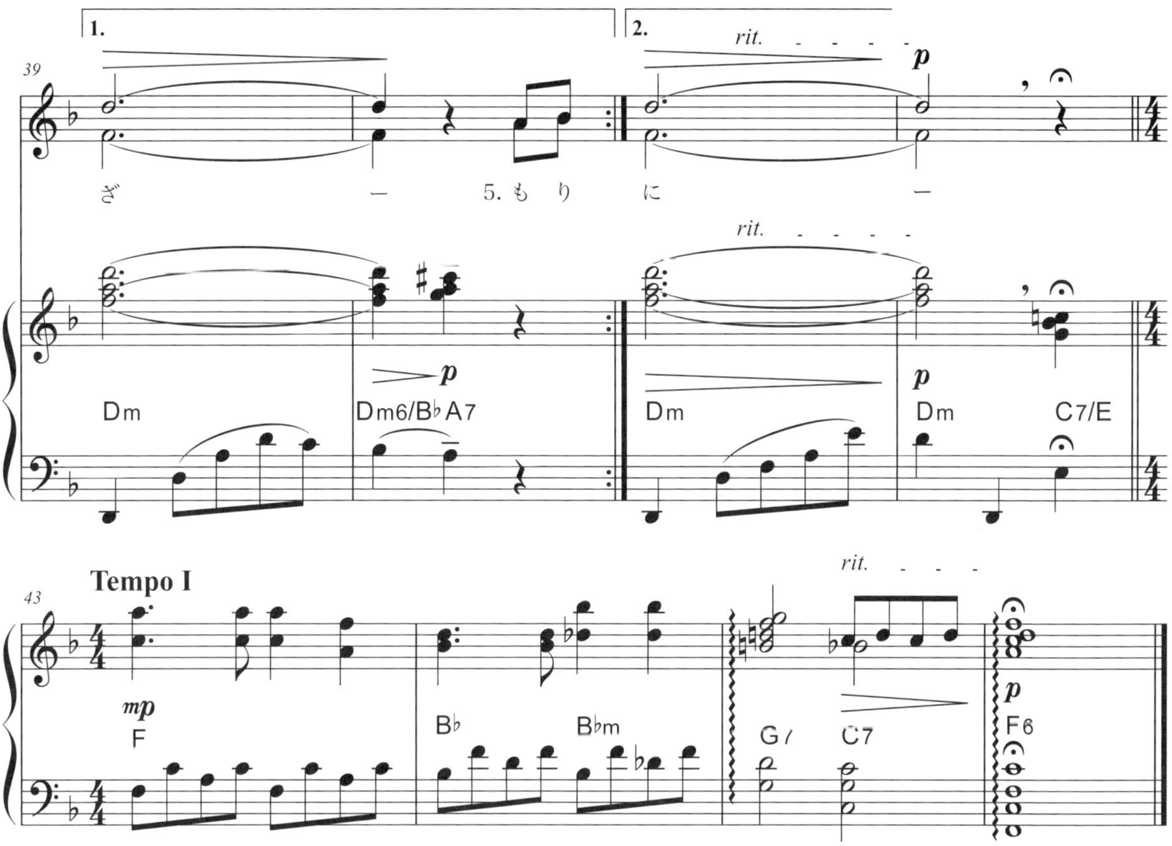

終わるな夏休み

東西薫

1、あっという間の一学期
明日《あす》から嬉しい夏休み
苦手《にがて》な算数頑張って
母さんニコニコ通信簿

2、夏の宿題やっつけて
遊びまくるぞ思いっきり
父が生まれた遠い村
早く会いたい祖父《じじ》祖母《ばば》に

3、今年も咲いた百合《ゆり》の花
クヌギに群《む》れるカブト虫
スピード違反のオニヤンマ
楽しみたっぷり夏祭り

4、やがて静かな夜になり
夜空を渡る天《あま》の河《がわ》
生まれて消える流れ星
そして見つけたはくちょう座

5、森のヒグラシ鳴き始め
夏が終わると告げにきた
思い出いろいろ絵手紙に
書いて送った父母に

セミ友合唱団

東西　薫　作詞
北澤秀夫　作曲

作品へのコメント

夏も終わりに近づくと、何種類かのセミが一緒に鳴き競うことがあります。子どもたちには是非、セミが鳴く近くの森や林で、短い命を謳歌するその素晴らしい合唱を楽しんでいただきたいと思います。（東西薫）

♩＝84位
mf
5
mf
1.こ　とし　も　き　た　ん　だ　あ　つ　い　な　つ
2.わ　たし　も　い　れ　て　と　ほ　う　し　ゼ　ミ
3.こ　れー　で　そ　ろ　っ　た　カ　ル　テ　ッ　ト
9
な　つ　ー　び　ま　な　つ　び　ド　ン　ー　と　こい
ア　ル　ト　は　お　ま　か　せ　オ　ー　シ　ン　ツク
ミ　ン　ミ　ン　シャ　カ　シャ　カ　ツ　ク　ボ　ー　シ

13
イントロテナーのミンミンゼミ
ツクツクボーシでさんじゅうしょう
カーーナカナカナオーシンツク
17
ベースはおおきなクマゼミさん
たかーいこずえでソプラノの
シャカシャカミンミンカナーカナ
21
mf
ミンミンシャカシャカシャカミンミン
ヒグラシカナカナよんじゅうしょう
われらはセミともがっしょうだん
mf
25
ミンミンシャカシャカツクボーシ

セミ友合唱団

東西薫

今年《ことし》も来《き》たんだ　暑《あつ》い夏《なつ》
夏日《なつび》真夏日《まなつび》　ドンと来《こ》い
イントロテナーの　ミンミンゼミ
ベースは大《おお》きな　クマゼミさん
ミンミンシャカシャカ　シャカミンミン

私《わたし》も入《い》れてと　法師《ほうし》ゼミ
アルトはおまかせ　オーシンツク
ツクツクボーシで　三重唱《さんじゅうしょう》
高《たか》い梢《こずえ》で　ソプラノの
ヒグラシカナカナ　四重唱《よんじゅうしょう》

これで揃《そろ》った　カルテット
ミンミンシャカシャカ　ツクボーシ
カーナカナカナ　オーシンツク
シャカシャカミンミン　カナーカナ
我らはセミ友合唱団《ともがっしょうだん》

ミンミンシャカシャカ　ツクボーシ
カーナカナカナ　オーシンツク
シャカシャカミンミン　カーナカナ

受験生のタンゴ

鳥羽山美和　作詞
江上恵子　作曲

作品へのコメント

お仕事で現役高校生と接しています。彼女たちの生の声に、自分の想い出もミックス。「もう笑うしかないよね〜」と、時にはそう思っちゃう、山あり谷ありな受験時代を、コミカルな感じで書いてみました。春からの楽しい毎日に向かって、頑張って乗り切って欲しいなと、心から願っています。最後に、この詞をタンゴのリズムで……との希望を叶えて下さった、作曲家の江上恵子先生に、心から御礼申し上げます。(鳥羽山美和)

きまじめさ、哀愁、そしてちょっぴりのユーモアを感じさせるタンゴのリズムにのせて作曲しました。歯切れの良い伴奏にのって始まる冒頭部は、おさえぎみに、21 小節からのフレーズはのびやかに歌いましょう。がんばり屋の受験生の皆さんの努力がむくわれますように。(江上恵子)

10
あげなきゃいけないの　わたくしじゅけん　せい
あげなきゃいけないの　わたくしじゅけん　せい
13
こんやのかえり　じゅうじになるけど　ごはんのあとは
おとせないのよ　だいいちしぼうは　だからまいにち
legato
16
にじまでふくしゅう　あさはろくじに　よしゅうをしなくちゃね
せっせとかようの　すいせんぐみの　たのしいおさそいも
19
to Φ
mf
そのあとまたじゅく　い　ーまやれば
ことわりまたじゅく
cresc.

23
mp
cresc.
ら ー く ち ん よ! と い わ れ ま す だ け ど
mf
mp
cresc.
26
f
3
も み た い テ レ ビ も あ る の に ね
f
29
p
べん きょう し な く ちゃ べん きょう し な く ちゃ
p
mf
32
mf
f
だ い が く は い っ て し ま え ば パ ラ ダ イ ス ー あ ー あ
f

35
が く れ き し ゃ か ー い！ オ ー レ！
mp
38
Coda
mf
な ー り た い
cresc.
D.S.
42
mp
ゆ め が か ー な う と い わ れ
mf
mp
45
cresc.
f
ま す だ け ど な り た い ゆ め す ら わ か ら な
3
cresc.
f

い　しゅくだい　しなくちゃ　べんきょう　しなくちゃ
じかんをきにせず　ずっと　ねて　いたい
あーあじゅけんせい！　オーレ！　ぜんぜん　まに
あわない！オーレ！　たんごりょくあげよ！　オレ！

受験生のタンゴ

鳥羽山美和

一、
今日《きょう》も塾《じゅく》　明日《あした》も塾《じゅく》　これじゃ全然休《ぜんぜんやす》みがない
だけど成績《せいせき》上《あ》げなきゃいけないの　わたくし受験生《じゅけんせい》
今夜《こんや》の帰《かえ》り10時《じ》になるけど　ご飯《はん》の後《あと》は2時《じ》まで復習《ふくしゅう》
朝《あさ》は6時《じ》に予習《よしゅう》をしなくちゃね　その後《あと》また塾《じゅく》

今《いま》やればラクちんよ！と言《い》われます　だけども観《み》たいテレビもあるのにね
勉強《べんきょう》しなくちゃ　勉強《べんきょう》しなくちゃ

大学入《だいがくはい》ってしまえばパラダイス　あーあ学歴社会《がくれきしゃかい》！　オーレ！

二、
今日《きょう》も模試《もし》明日《あした》も模試《もし》　結果微妙《けっかびみょう》な判定《はんてい》CDE
順位《じゅんい》いっぱい上《あ》げなきゃいけないの　わたくし受験生《じゅけんせい》
落《お》とせないのよ第一志望《だいいちしぼう》は　だから毎日《まいにち》せっせと通《かよ》うの
推薦組《すいせんぐみ》の楽《たの》しいお誘《さそ》いも　断《ことわ》りまた塾《じゅく》

なりたい夢《ゆめ》が叶《かな》うと言《い》われます　だけどなりたい夢《ゆめ》すら分《わ》からない
宿題《しゅくだい》しなくちゃ　勉強《べんきょう》しなくちゃ

時間《じかん》を気《き》にせずずっと寝《ね》ていたい　あーあ受験生《じゅけんせい》！　オーレ！
ぜんぜん間《ま》に合わない！　オーレ！　単語力《たんごりょく》上《あ》げよ！　オレッ!!

今日は長ぐつ通学路

野田裕司

一、
窓《まど》を開《あ》けたら銀世界《ぎんせかい》
「母《かあ》さん手袋《てぶくろ》」呼《よ》ぶ声《こえ》に
白《しろ》い息《いき》まで弾《はず》みます
あぁ嬉《うれ》しいな　嬉《うれ》しいね
今日《きょう》は長《なが》ぐつ通学路《つうがくろ》
手《て》を振《ふ》る僕《ぼく》も　ともだちも
ワクワク駆《か》け出《だ》す　雪《ゆき》の朝《あさ》

二、
みんな並《なら》んで交差点《こうさてん》
横断歩道《おうだんほどう》を踏《ふ》みしめて
白《しろ》い靴《くつ》あと残《のこ》します
あぁ楽《たの》しいな　楽《たの》しいね
商店街《しょうてんがい》も　バス停《てい》も
サクサク聞《き》こえる　雪《ゆき》の道《みち》

三、
赤《あか》いポストに綿《わた》ぼうし
朝日《あさひ》が当たった公園《こうえん》は
白《しろ》い絨毯光《じゅうたんひか》ります
あぁ眩《まぶ》しいな　眩《まぶ》しいね
今日《きょう》は長《なが》ぐつ通学路《つうがくろ》
見渡《みわた》す屋根《やね》も　街路樹《がいろじゅ》も
キラキラ輝《かがや》く　雪《ゆき》の町《まち》

今日は長ぐつ通学路

野田裕司　作詞
西田直嗣　作曲

作品へのコメント

冬になると、大人には少々厄介な積雪も、子ども達にとっては楽しい銀世界。白い息を弾ませ長ぐつを履いて歩いた通学路。太陽の光でキラキラ輝いて見えた街並。特別に思えた雪の朝。そんな一齣の情景です。(野田裕司)

この歳になると、何を見聞きしても驚いたり、浸ったりすることはなく、日常をただ消化しているだけの毎日ですが「明日、雪が降るかもしれない」と聞くと、通勤の心配をしたり、またガレージが落ちたりしないかと大人な心配をしながらもどこかで子どもの頃に見た幻想的な銀世界をこっそりと楽しみにしている自分に気がつきます。作曲している時だけは童心に戻り、美しくも閉じた世界に浸ることができました。(西田直嗣)

10
f
かあさん てぶくろ よぶこ え に しろいいきまで
f
かあさん てぶくろ よぶこ え に しろいいきまで
non leg.
14
espress. e dolce
mf
はずみ ます あ ぁ うれし
espress. e dolce
mf
はずみ ます あ ぁ うれし
mp
18
animato
f
い な うれし い ね きょうは ながぐつ
animato
f
い な うれしいね きょうは ながぐつ
mp

22
つ う が く ろ
て を ふ る ぼ く も
と も だ ち も
つ う が く ろ
て を ふ る ぼ く も
と も だ ち も
non leg.
26
ワ ク ワ ク
か け だ
す ゆ き の
あ
さ
ワ ク ワ ク
か け だ
す ゆ き の
あ
さ
30
mf
み ん な
な ら
ん で ー
mf
み ん な
な ら
ん で ー
mf
non leg.
mp

33
こ う さ て ん
お う だ ん ほ ど う を
こ う さ て ん
お う だ ん ほ ど う を
36
f
ふ み し め て
し ろ い く つ あ と
の こ し ま
f
ふ み し め て
し ろ い く つ あ と
の こ し ま
non leg.
espress. e dolce
mf
40
す
あ ぁ
た の し い な
espress. e dolce
mf
す
あ ぁ
た の し い な

44
animato
f
たのし い ね
きょうは ながぐつ つうがくろ
animato
f
たのしいね きょうは ながぐつ つうがくろ
mp
48
しょうてんがいも バスていも サクサク きこえ
しょうてんがいも バスていも サクサク きこえ
3
non leg.
52
るゆきの みち
るゆきの みち

56
mf
あかい ポ
mf
あかい ポ
59
ストにー わたぼうし
ストにー わたぼうし
62
f
あさひがあたった こうえんは しろいじゅうたん
f
あさひがあたった こうえんは しろいじゅうたん
non leg.

espress. e dolce
mf
66
ひ か り ま す
あ ぁ
espress. e dolce
mf
ひ か り ま す
あ ぁ
ま ぶ し
70
animato
f
ま ぶ し い ー な
ま ぶ し い ね
きょう は
な が ぐ つ
animato
f
い
な
ま ぶ し い ね
ま ぶ し い ね
きょう は
な が ぐ つ
mp
74
つ う が く ろ
み わ た す や ね も
つ う が く ろ
み わ た す や ね も
3
non leg.

77
がいろじゅも キラキラ かがやく
がいろじゅも キラキラ かがや
brillante
rit. a tempo
80
ff
キラキラ かがやく ゆきの まち
く かがやく ゆきの まち
mf
83

ひまわり畑
～太陽の子ども達～

野田裕司　作詞
加藤新平　作曲

作品へのコメント

夏の代名詞といえる、ひまわり。まさに夏のアイドルであり、揺れる姿は踊り子にも見えます。一面に広がる黄色一色のひまわり畑は圧巻ですが、その一本一本は、太陽に向かって咲いている子ども達のようです。(野田裕司)

さんさんと降り注ぐ陽の光を浴びて輝くひまわり、青い空、白い雲、吹き抜ける風、そういったものをイメージして作曲しました。明るく元気よくさわやかに歌っていただけたら嬉しいです。(加藤新平)

ル まん ま るえ が お
ジ かわ い ただ い ち
ブ おお な みこ な み
くもへーとどけ と せいく ら
ゆれるーリズムは みなみ か
ここはーなかよし スタジ ア
べ そらにーそらに むかってー
ぜ みんなーみんな ならんでー
ム みぎへーみぎへ ひだりへー

19
mp
f
わ ら っ て い ま す
お ど っ て い ま す
う ね っ て い ま す
スマイ リー
ダン シング
ロー リング
mp
f
22
スマイ リー
ダン シング
ロー リング
ひ ま わ り は
ひ ま わ り は
ひ ま わ り は
25
スマイ リー
ダン シング
ロー リング
スマイ リー
ダン シング
ロー リング
ひ ま わ り
ひ ま わ り
ひ ま わ り

28
mf
は た い よ う の た い よ う の
は た い よ う の た い よ う の
は た い よ う の た い よ う の
mf
31
f
こ ど も た ち た い よ う の た い
こ ど も た ち た い よ う の た い
こ ど も た ち た い よ う の た い
f
34
よ う の こ ど も た ち
よ う の こ ど も た ち
よ う の こ ど も た ち

37
1.
f
きいろ
ff
f
41
2.
f
きいろ
mf
45
3.
ff
f
48
rit.
ff

夢の地図

野田裕司　作詞
宮嶋固建　作曲

作品へのコメント

無限の可能性を持った子供達、自分を見つけ、信じて、叶えるために、未来に向かって、でっかい夢の地図を持って人生を旅してほしいと思って書きました。（野田裕司）

人生には、楽しいこと悲しいことなど、たくさんのことがありますが、いつも明るく希望を持って、「いま」「ここ」を大切にして、すごしていきましょう。（宮嶋固建）

♩＝86くらい 明るく
mf
poco rit.

5
mf
1. こ ころ にはくしを ひろげては みらいのじぶんを えがいてみよう
2. こ ころ がとちゅうで ま よったら みらいのじぶんと はなしてごらん
3. こ ころ のコンパス に ぎりしめ みらいのじぶんへ あるいていこう
mf
1. こ ころ にはくしを ひろげては みらいのじぶんを えがいてみよう
2. こ ころ がとちゅうで ま よったら みらいのじぶんと はなしてごらん
3. こ ころ のコンパス に ぎりしめ みらいのじぶんへ あるいていこう
a tempo
mf

9
かーいてはけして またかいて いろんなきみが いるんだよ
うーまれてそして いきてきた こたえはきみの なかにある
でーこぼこみちを いっぽずつ なりたいきみに であうまで
かーいてはけして またかいて いろんなきみが いるんだよ
うーまれてそして いきてきた こたえはきみの なかにある
でーこぼこみちを いっぽずつ なりたいきみに であうまで

13
そうさ じんせいは じぶんをみつける たびなんだ
そうさ じんせいは じぶんをしんじる たびなんだ
そうさ じんせいは じぶんをかなえる たびなんだ
そうさ じんせいは じぶんをみつける たびなんだ
そうさ じんせいは じぶんをしんじる たびなんだ
そうさ じんせいは じぶんをかなえる たびなんだ

17
f
1, 2.
だからでっかいゆめのちずをもて
だからでっかいゆめのちずをもて
だからでっかいゆめのちずをも
f
だからでっかいゆめのちずをもて
だからでっかいゆめのちずをもて
だからでっかいゆめのちずをも
f
21
3.
mp
てーそうさじんせいはー
mp
てーそうさじんせいはー
mp
24
mf
f
いっしょういちどのたびなんだ
だから
mf
f
いっしょういちどのたびなんだ
だから
mf
f

ひまわり畑《ばたけ》　～太陽《たいよう》の子《こ》ども達《たち》～

野田裕司

一、黄色《きいろ》い花咲《はなさ》く　ひまわり畑《ばたけ》
夏《なつ》のアイドル真《ま》ん丸笑顔《まるえがお》
雲《くも》へ届《とど》けと背《せい》くらべ
空《そら》に向《む》かって　わらっています
スマイリー《ぃ》スマイリー《ぃ》ひまわりは
太陽《たいよう》の　太陽《たいよう》の子《こ》ども達《たち》

二、黄色《きいろ》い踊《おど》り子《こ》　ひまわり畑《ばたけ》
夏《なつ》のステージ乾《かわ》いた大地《だいち》
揺《ゆ》れるリズムは南風《みなみかぜ》
みんなで並《なら》んで　おどっています
ダンシングダンシングひまわり
太陽《たいよう》の　太陽《たいよう》の子《こ》ども達《たち》

三、黄色《きいろ》い絨毯《じゅうたん》　ひまわり畑《ばたけ》
夏《なつ》のウェーブ大波小波《おおなみこなみ》
ここは仲《なか》よしスタジアム
右《みぎ》へ左《ひだり》へ　うねっています
ローリングローリングひまわりは
太陽《たいよう》の　太陽《たいよう》の子《こ》ども達《たち》

夢《ゆめ》の地図《ちず》

野田裕司

一、こころに白紙《はくし》を広《ひろ》げては
未来《みらい》の自分《じぶん》を描《えが》いてみよう
描《か》いては消《け》して　また描《か》いて
いろんな君《きみ》がいるんだよ
そうさ人生《じんせい》は　自分《じぶん》を見《み》つける旅《たび》なんだ
だから　でっかい夢《ゆめ》の地図《ちず》を持《も》て

二、こころが途中《とちゅう》で迷《まよ》ったら
未来《みらい》の自分《じぶん》と話《はな》してごらん
生《う》まれてそして　生《い》きてきた
答《こた》えは君《きみ》の中《なか》にある
そうさ人生《じんせい》は　自分《じぶん》を信《しん》じる旅《たび》なんだ
だから　でっかい夢《ゆめ》の地図《ちず》を持《も》て

三、こころの羅針盤《コンパス》握《にぎ》りしめ
未来《みらい》の自分《じぶん》へ歩《ある》いて行《い》こう
でこぼこ道《みち》を　一歩《いっぽ》ずつ
成《な》りたい君《きみ》に出会《であ》うまで
そうさ人生《じんせい》は　自分《じぶん》を叶《かな》える旅《たび》なんだ
だから　でっかい夢《ゆめ》の地図《ちず》を持《も》て
そうさ人生《じんせい》は　一生一度《いっしょういちど》の旅《たび》なんだ
だから　でっかい夢《ゆめ》の地図《ちず》を行《ゆ》け！

カエルブギウギ

遙　北斗　作詞
松岡まさる　作曲

作品へのコメント

毎日毎日暑い。やっぱり、叫びたいよね。みんなで大きな声で歌えば……ますます熱くなるかなあ。(遙北斗)

グループとソロパートを交えながら歌うと楽しいカエルの合唱になります。(松岡まさる)

9
ケ ロ　ケ ロ　ケ ロ
13
ケ ロ ケ ロ ケ ロ ケ ロ　ケ ロ　ケ ロ
17
ケ ケ ケ ロ
1. こ の ご ろ ー　ま い に ち ー
2. お ひ さ ま ー　ギ ラ ギ ラ ー
3. ゆ う ひ に ー　さ よ な ら ー

21
1.あつすぎてー
2.てらすひはー
3.したあとでー
あつすぎてー　さけんでー　しまうよー
てらすひはー　ストレスー　たまるよー
したあとでー　はっぱのー　ベッドでー

25
ブーギウギー
ブーギウギー
ブーギウギー
ブーギウギー　もーんくを　いってはー
ブーギウギー　あーさから　ばんまでー
ブーギウギー　けーれども　ねれないー

29
ブ ー ギ ウ ギ ー ケ
ブ ー ギ ウ ギ ー ケ
ブ ー ギ ウ ギ ー ケ
ブ ー ギ ウ ギ ー お い け に と び こ み ー
ブ ー ギ ウ ギ ー お そ ら に む か っ て ー
ブ ー ギ ウ ギ ー ね が え り う っ て は ー
33
ロ ブ ー ギ ウ ギ ー ケ ロ
ロ ブ ー ギ ウ ギ ー ケ ロ
ロ ブ ー ギ ウ ギ ー ケ ロ
ブ ー ギ ウ ギ ー ひ か げ で ひ っ く り
ブ ー ギ ウ ギ ー あ き か ぜ ふ け ふ け
ブ ー ギ ウ ギ ー ね ぶ そ く つ づ き で

37
1.
2.
3
カ エ ル ブ ギ ウ ギ ー ケ ロ ギ （ブ ギッ） ケ ロ
カ エ ル ブ ギ ウ
カ エ ル ブ ギ ウ
カ エ ル ブ ギ ウ ギ ー ケ ロ ギ
カ エ ル ブ ギ ウ
カ エ ル ブ ギ ウ

41
3.
ケ ロ ケ ケ ケ ロ ギ ケ ロ
ギ

45
4.ケロケロケロケロ ケロケロケロケロ さけんでるー
4.となりのー カエルもー さけんでるー
49
ケロケロケロケロ ケロケロケロケロ ブーギウギー
あっちもー こっちもー ブーギウギー
53
ブーギウギー
せーかいの カエルがー ブーギウギー

57
ケ ロ ブ ー ギウ ギ ー
ち きゅ う が あ つ い ぞー ブ ー ギウ ギ ー
61
ケ ロ カ エ ル ブ ギ ウ ギ ー も ー いっ ちょう
ブ ギ ウ ギ ブ ギ ウ ギ カ エ ル ブ ギ ウ ギ
65
ケ ロ カ エ ル ブ ギ ウ ギ ー(ブギッ)
ブ ギ ウ ギ ブ ギ ウ ギ カ エ ル ブ ギ ウ ギ ー(ブギッ)

カエルブギウギ

遙 北斗

このごろ　まいにち　あつすぎて
さけんで　しまうよ　ブギウギ
もんくを　いっては　ブギウギ
おいけに　とびこみ　ブギウギ
ひかげで　ひっくり　カエルブギウギ

おひさま　ギラギラ　てらすひは
ストレス　たまるよ　ブギウギ
あさから　ばんまで　ブギウギ
おそらに　むかって　ブギウギ
あきかぜ　ふけふけ　カエルブギウギ
（ブギッ）

ゆうひに　さよなら　したあとで
はっぱの　ベッドで　ブギウギ
けれども　ねれない　ブギウギ
ねがえり　うっては　ブギウギ
ねぶそく　つづきで　カエルブギウギ

となりの　カエルも　さけんでる
あっちも　こっちも　ブギウギ
せかいの　カエルが　ブギウギ
ちきゅうが　あついぞ　ブギウギ
ブギウギ　ブギツギ　カエルブギウギ
ブギウギ　ブギウギ　カエルブギウギ
（ブギッ）

ひとりぼっちのコンサート

遙　北斗

またまたケンカ　しちゃったよ
学校帰《がっこうがえ》りは　気《き》が重《おも》い
心《こころ》で何度《なんど》も　こだまする
みんなで習《なら》った　友《とも》だちの歌《うた》
きれいに響《ひび》いた　ハーモニー
あの子《こ》がいないと　つまらない
ひとりぼっちの　コンサート

小鳥《ことり》も虫《むし》も　誘《さそ》うけど
いつものようには　歌《うた》えない
出《で》だしの歌詞《かし》だけ　つぶやいた
一緒《いっしょ》におぼえた　友《とも》だちの歌《うた》
素直《すなお》な気持《きも》ちに　なりたくて
あの子《こ》にゴメンと　言《い》えるまで
ひとりぼっちの　コンサート

ひとりぼっちのコンサート

遙　北斗　作詞
小鹿　紡　作曲

作品へのコメント

とても仲が良いのに、ちょっとした事でケンカしちゃう。ホントは淋しくて反省も後悔もしてるんだけど、仲直りするキッカケが欲しい。そんな時にはこの歌を口ずさんで欲しいなあ。(遙北斗)

ケンカのあと素直に仲直りできない気持ちに寄り添うような軽やかで優しい曲調にしました。付点のリズムは譜面通りの正確な音価ではなく、言葉のニュアンスが伝わるゆとりあるリズムで歌ってください。(小鹿紡)

なんども なんども こだまする みんなで ならっ
た ともだちのうた きれい
legato
にひびいた ハーモニ
ー あのこが いないと
cresc.

34
つ ま ら な い ー
39
mf
ひ と り ぼ っ ち の コ ン サ ー ト
sub. p
44
mp
こ と り も む し も さ そ う け
49
ど い つ も の よ う に は ー う
cresc.

53
p
たえない ー でだしの かしだけ
pp
58
mf
つぶやいた いっしょに おぼえた と
mf
63
f
もだちのうた すなおな きもちに
f legato
68
ー なりたくて ー ー

meno mosso
poco rit.
あ の こ に ご めん と い え る ま で ー
meno mosso
poco rit.
a tempo
cresc.
m ー ー ー ル ル ル ル
a tempo
cresc.
ー ルルルル ー ひ と り ぼ っ ち の
コ ン サー ト

夢持ち

遙　北斗　作詞
安元　麦　作曲

作品へのコメント

世の中なんでも「お金」に振り回されるけど、堂々と胸を張って『夢持ち』宣言したいね。(遙北斗)

楽想や和音、リズムの違いや変化をよく感じ取りながら歌いましょう！ そして、未来の自分の「あれこれ」を想像しながら歌ってみてください。(安元麦)

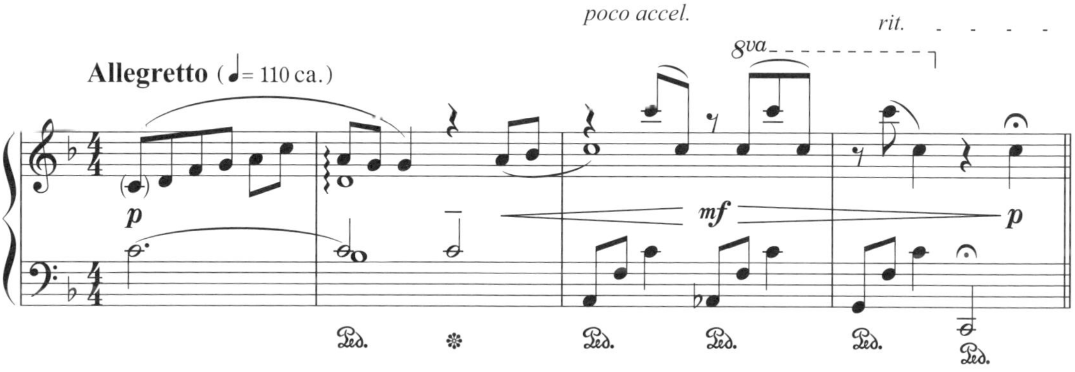

poco
p
mf
も し も　も し も と　か ん が え る　だ　け
mp
f
も し も は ー　た の し い ー　ま ほ う　の
mf
mp
mf
こ と ば　と て も　ゆ う き が ー　わ
mp
mf
non ped.

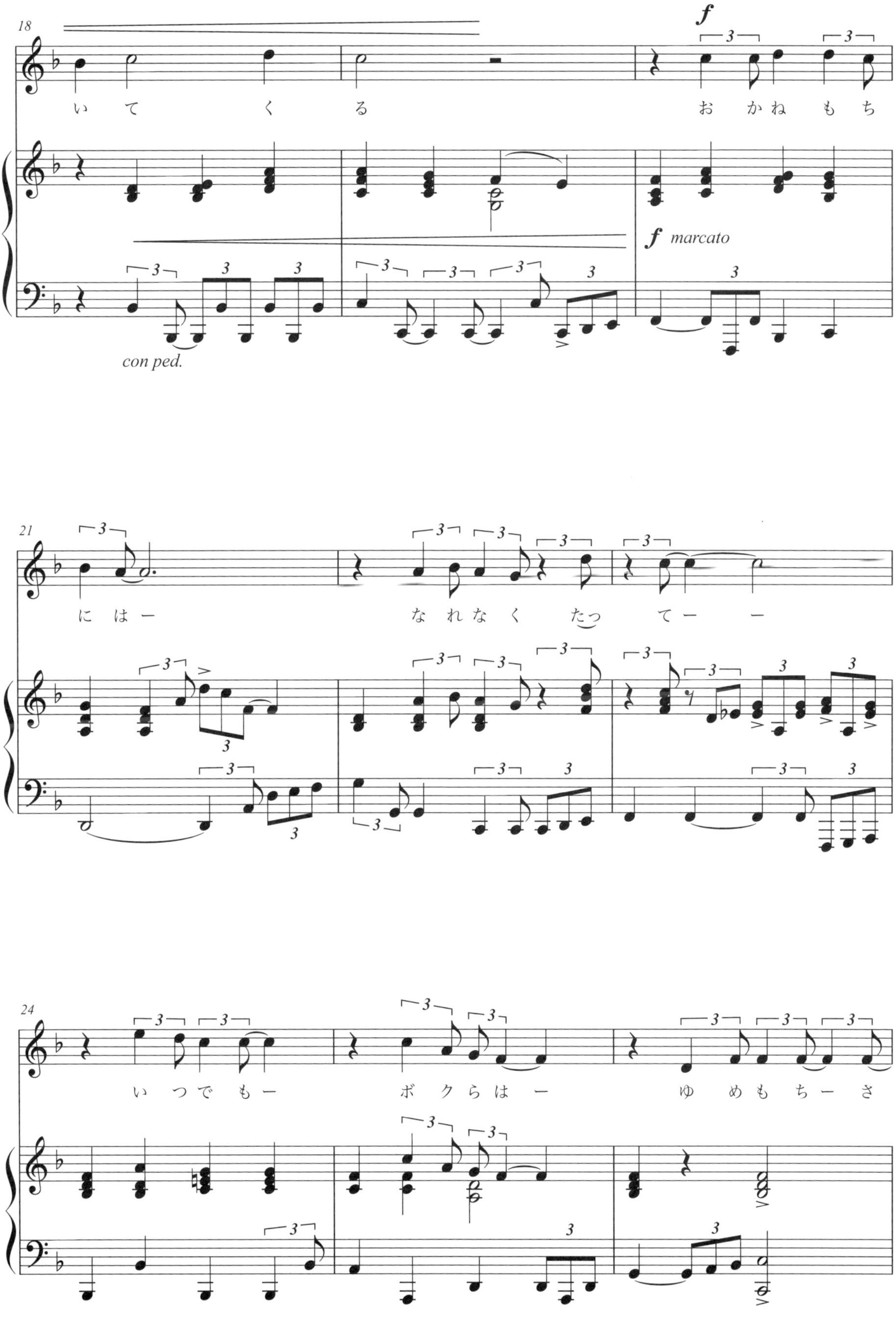

18
f
い て く る
お か ね も ち
f marcato
con ped.
21
に は ー
な れ な く たっ て ー ー
24
い つ で も ー
ボ ク ら は ー
ゆ め も ち ー さ

27
poco accel.
rit.
8va
30
a tempo
2.ゆめをみるのに　ちからはいらない
34
poco
いつか　いつかと　しんじあうだけ

38
いつかとー しんじてー つながり
41
あえば きっと せかいもーか
non ped.
44
えられる おかねもち
f marcato
con ped.

47
に は ー　な れ な く たっ て ー ー
50
だ れ で も　な れ る さ ー　ゆ め も ち ー に
53
ー　だ れ で も　な れ る さ ー
poco rit.
mf
f

「夢持《ゆめも》ち」

遙 北斗

夢《ゆめ》を見《み》るのに　お金《かね》はいらない
もしも　もしもと　考《かんが》えるだけ
「もしも」は楽《たの》しい　魔法《まほう》の言葉《ことば》
とても勇気《ゆうき》が　わいてくる
お金持《かねも》ちには　なれなくたって
いつでもボクらは　「夢持《ゆめも》ち」さ

夢《ゆめ》を見《み》るのに　力《ちから》はいらない
いつか　いつかと　信《しん》じあうだけ
「いつか」と信《しん》じて　つながり合《あ》えば
きっと世界《せかい》も　変《か》えられる
お金持《かねも》ちには　なれなくたって
誰《だれ》でもなれるさ　「夢持《ゆめも》ち」に

ボクはクモの子

遙　北斗　作詞
柳井和郎　作曲

作品へのコメント

「ボク」は強くて、「わたし」は弱い訳じゃない。見た目じゃわからないそれぞれの事情というのがあるのさ。でも得意なことを見つけて生きてゆくしかないよね。（遙北斗）

小学校４年生位から大人まで歌えます。無理なく歌えるように、音域（声域）を誰でも出せる一点ハから二点ホまでにしました。大らかに歌ってください。（柳井和郎）

なまえはなーい　ほそい　てあしは　お　やゆずり
ちからはなーい　つよい　てきには　し　んだふり
ほそい　てあしは　お　やゆずり
つよい　てきには　し　んだふり
くうちゅう　ブランコ　とくーい　わざー
にげあし　すばやく　つなーわたりー
ちょっぴり　じまんの　あみものしごと
のきした　きのえだ　にんじゃのように

ねばねばいとのクモのすづくーり
ねばねばいとでするするするーり
イケてるよなんてはげまされる
みんながいやがるくものすだけ
とーーきんちょうしちゃって
どーーあめあがりのひは

56
p
ー　あみめ　が　みだれ　ちゃ　う　ー　きんちょ　う
ー　にじい　ろ　シャンデ　リ　ア　ー　あめあ　が
p
62
f
しちゃっ　て　ー　あ　み　め　が　みだれ　ちゃ
りのひ　は　ー　に　じ　い　ろ　シャンデ　リ
f
68
mp
う　あ　み　め　が　みだれーちゃー　う　みだれ　ちゃ
ア　に　じ　い　ろ　シャンデーリー　ア　シャンデ　リ
mp
74
う　みだれちゃう　ー　ー
ア　シャンデリア　ー　ー
f

ボクはクモの子《こ》

遙　北斗

ボクはクモの子《こ》　名前《なまえ》は　ない
細《ほそ》い手足《てあし》は　親《おや》ゆずり
空中《くうちゅう》ブランコ　とくい技《わざ》
ちょっぴり自慢《じまん》の　編《あ》み物仕事《ものしごと》
ねばねば糸《いと》の　クモの巣《す》づくり
イケてるよなんて　励《はげ》まされると
緊張《きんちょう》しちゃって　網目《あみめ》が乱《みだ》れちゃう

ボクはクモの子《こ》　力《ちから》は　ない
強《つよ》い敵《てき》には　死《し》んだふり
逃《に》げ足素早《あしすばや》く　綱渡《つなわた》り
軒下木《のきしたき》の枝《えだ》　忍者《にんじゃ》のように
ねばねば糸《いと》で　するするするり
みんなが嫌《いや》がる　クモの巣《す》だけど
雨上《あめあ》がりの日《ひ》は　虹色《にじいろ》シャンデリア

ぼくのおはよう

笛木あゆ

おひさまは　今日《きょう》をつれてくる
地球のみんなに　かがやくひかり
おひさまは　夢をつれてくる
手足《てあし》の先《さき》まで　生《い》きるがみなぎる
さあ　鳥たちよりも　早起《はやお》きするよ
ぼくのおはよう　地平線《ちへいせん》にとどけ

おひさまは　今日をつれてくる
小さないのちに　やさしいひかり
おひさまは　夢をひらくのさ
希望《きぼう》のうたごえ　こころに触《ふ》れる
さあ　朝陽《あさひ》をあびて　早起《はやお》きするよ
ぼくのおはよう　世界中《せかいじゅう》にひびけ

ぼくのおはよう

笛木あゆ　作詞
木下紀子　作曲

作品へのコメント

地球のみんなに朝は訪れる。さあ、おひさまと一緒に新しい１日を始めよう！（笛木あゆ）

朝、カーテンを開けて太陽の光を浴びると、すがすがしい気持ちでいっぱいになりますね。内なるエネルギーが大空に広がっていくように、演奏して下さい。（木下紀子）

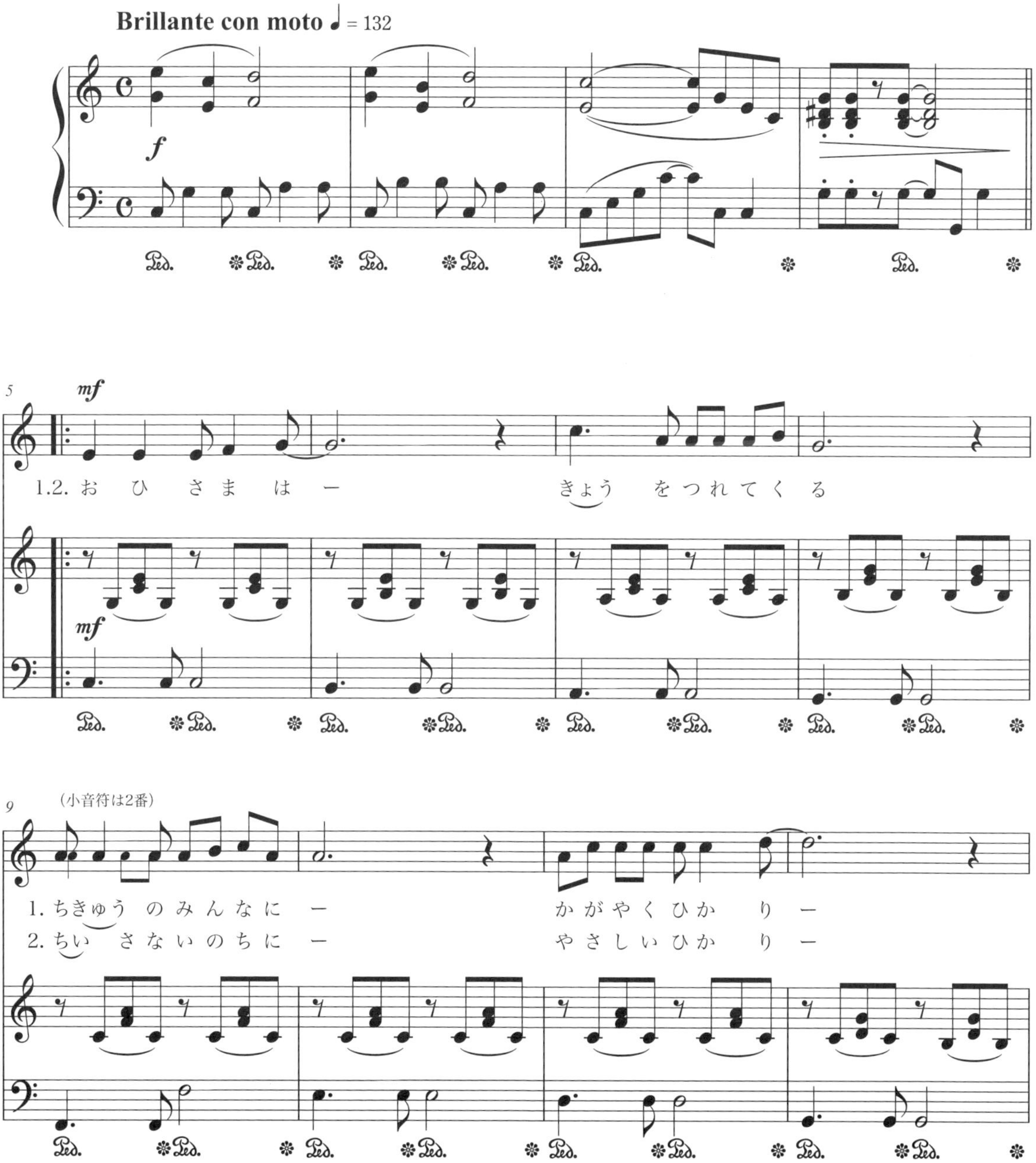

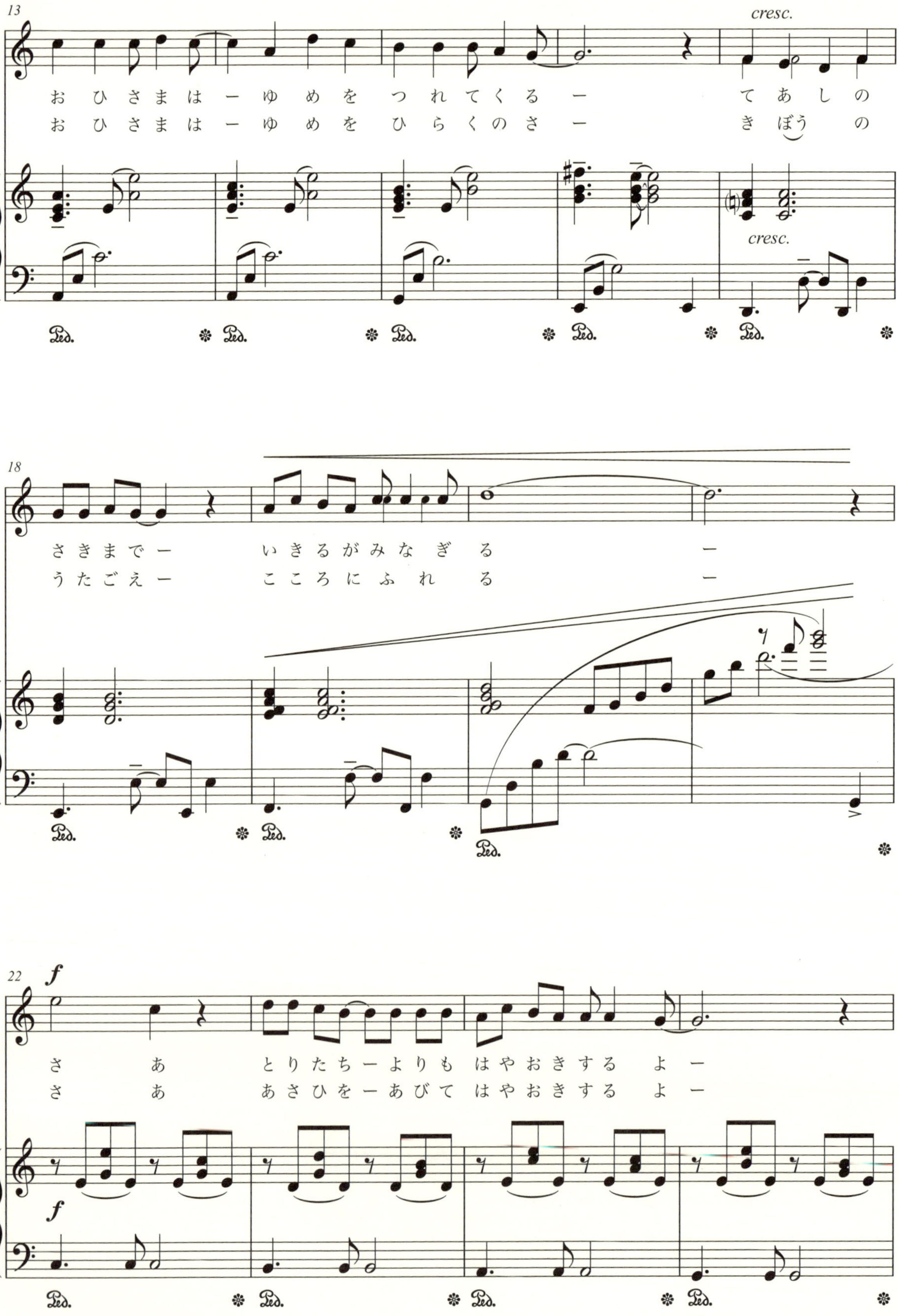

おひさまはーゆめをつれてくるー てあしの
おひさまはーゆめをひらくのさー きぼうの
さきまでー いきるがみなぎるー
うたごえー こころにふれるー
さあ あ とりたちーよりもはやおきするよー
さあ あ あさひをーあびてはやおきするよー

26
1.
2.
ぼ く の お は よ う ち へ い せ ん に と ど け ー
ぼ く の お は よ う せ か い じ ゅ う に ひ び け ー

ゆうれいさん

笛木あゆ

どきっとするよ　黒いかげ
ふりむいたけど　だれもいない
びくっとするよ　こうえんの
あの木のうしろ　なにかいる
ゆうれいさんかな　ゆうれいさん
こわいけど　ちょっとだけかくれんぼ
あそびたいのはいっしょだね
ひとりぼっちのゆうれいさん

どきっとするよ　ふうりんが
風もないのに　ちりりんりん
びくっとするよ　てんじょうで
かたことかたん　音がする
ゆうれいさんかな　ゆうれいさん
こわいけど　ちょっとだけ顔みせて
あそびたいのはいっしょだね
さみしがりやのゆうれいさん

対象 小学校低学年から大人まで

ゆうれいさん

笛木あゆ　作詞
新藤理恵　作曲

作品へのコメント

ゆうれいさんは、寂しがりやなんです。かくれんぼして一緒に遊んであげてください。（笛木あゆ）

強弱を大切にして、あたたかな気持ちで演奏してください。（新藤理恵）

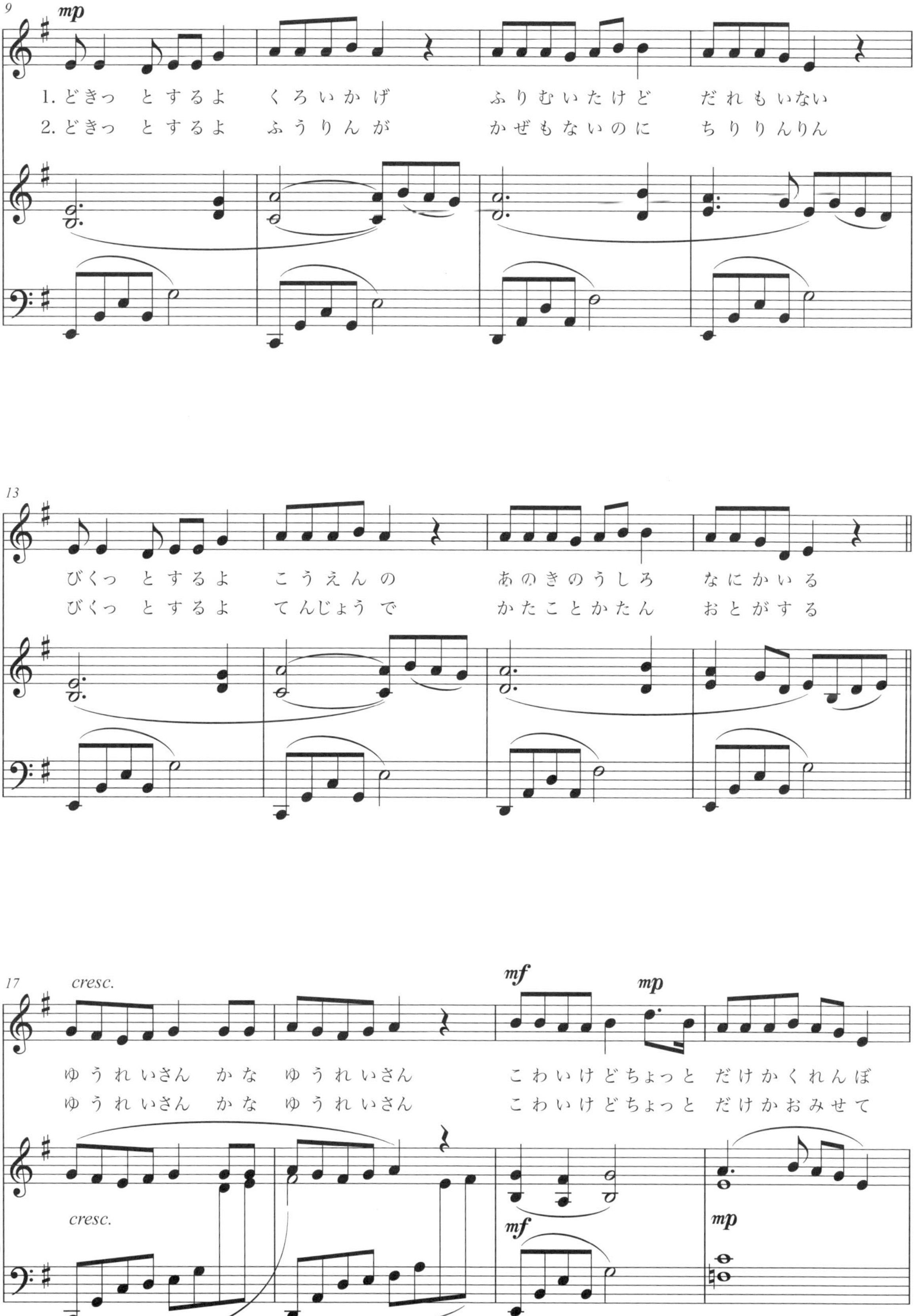
9
mp
1. どきっ とするよ くろいかげ ふりむいたけど だれもいない
2. どきっ とするよ ふうりんが かぜもないのに ちりりんりん
13
びくっ とするよ こうえんの あのきのうしろ なにかいる
びくっ とするよ てんじょうで かたことかたん おとがする
17
cresc.
mf
mp
ゆうれいさん かな ゆうれいさん こわいけどちょっと だけかくれんぼ
ゆうれいさん かな ゆうれいさん こわいけどちょっと だけかおみせて
cresc.
mf
mp

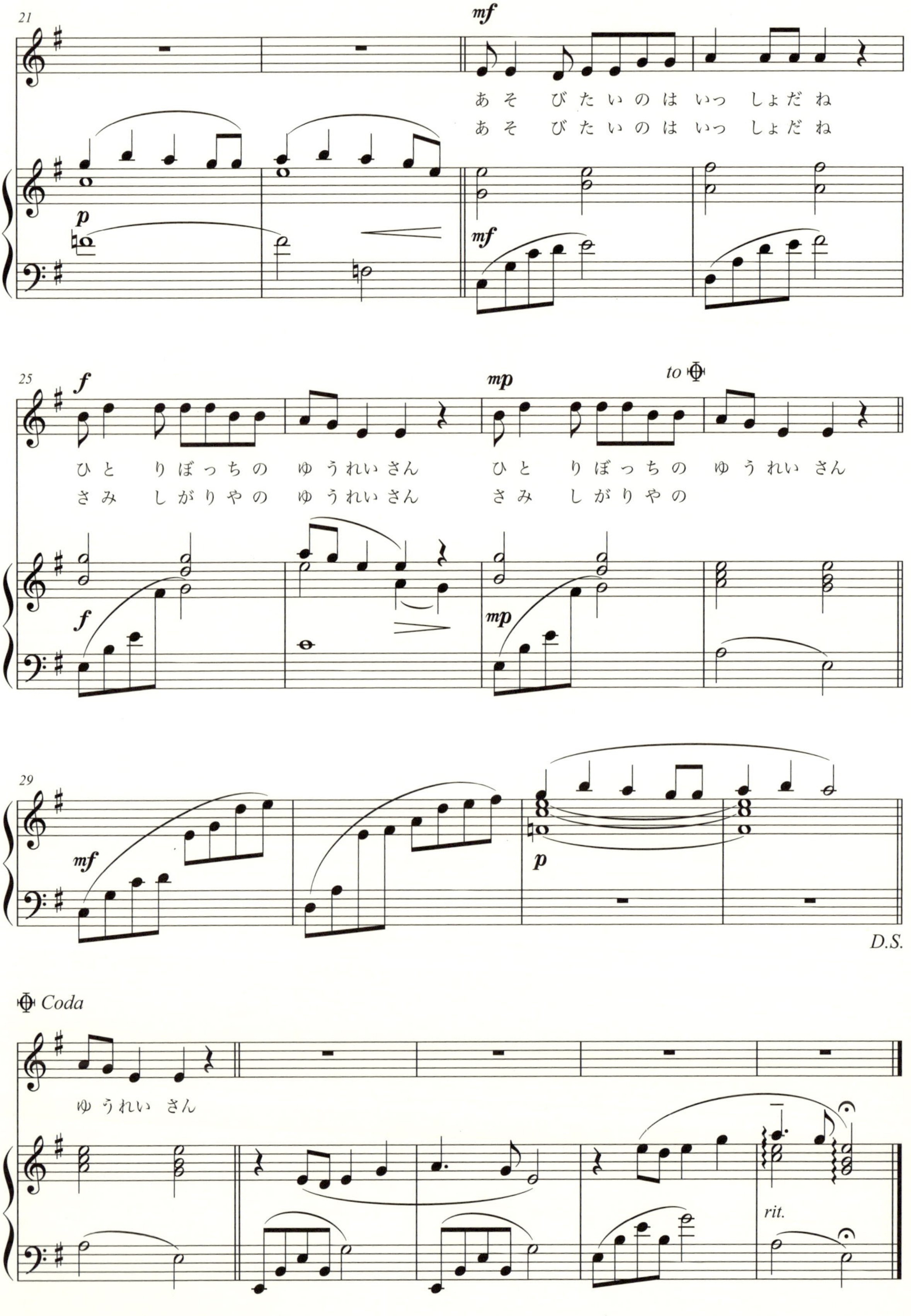
21
mf
あ そ び た い の は いっ しょ だ ね
あ そ び た い の は いっ しょ だ ね
p
mf
25
f
mp
to Φ
ひ と り ぼっ ち の ゆ う れい さん ひ と り ぼっ ち の ゆ う れい さん
さ み し が り や の ゆ う れい さん さ み し が り や の
29
mf
p
D.S.
Φ Coda
ゆ う れい さん
rit.

初夏に

まつのしげみ　作詞
小林聡羅　作曲

作品へのコメント

翠雨《すいう》（初夏の雨）は、緑をいっそう輝かせるように、私たちにも生命力をもたらします。そして、それは日常の営みのなかで、いつの間にか、わざとらしくなく、ごく自然なかたちでなされるのです。私たちがうまれるずっと昔から。(まつのしげみ)

詩に書かれた場面を想像しながら歌ってください。(小林聡羅)

16
る ー お が わ の ー み な も か
21
f
ら ー ー ゆ れ か かっ た ゆ う ど う
f
26
mp
f
え ん ぼ く か ら ー よ こ も じ ば か り の
mp
f

31
mf
まちかどから ー
ごぜんはちじ にぎやか
mf
37
mp
な ー カフェテリアから ー
mp
42
mf
f
poco a poco diminuendo
むぎわら ぼうしの ー しょうじょと
mf
f
poco a poco diminuendo

48
mp
mf
と　・　も　に　はじまり　の　う　た
53
p
mp
うた　い　な　が　ら　ー
58
62
そしてま　たーどこかへ　ー　ゆく

67
の だ ろ ー なにごとも
72
なかったかのように
76
ー
p
80
poco rit.
pp

第４回新しい子どものうた作詞コンクール チューリップ賞（最優秀賞）受賞作品

秋のてのひら

雪柳あうこ　作詞
SEIGI　作曲

作品へのコメント

秋の香りがほのかに漂い、景色が次第に色づいてゆく。
主人公のイチョウとモミジは、やがて人間の手元へ舞い落ちる。
曲はしっとりと、詩の世界観を壊さぬように一つひとつ音を選んで書いてみました。
13小節からじわじわとcresc.して、21小節で*f*に到達しますが、これは感情の高まりからくる主人公の「主張」であってほしいなと思います。
子どもたちに秋の美しさと切なさを味わっていただけたら嬉しいです。(SEIGI)

13
mp
たいようよりもきいろくなるから
ゆうやけよりもまっかになるから
mp
(ピアノパートの小音符は省略可)
17
mf
ひらひらひらひらかぜとおどるよ
はらはらはらはらそらとおわかれ
mf
(小音符は2番)
21
f
mp
1.
ぼくはイチョウあきのてのひら
わたしはモミジあきのてのひ
f
mp

2.
rit.
a tempo
ら　ルルル　ひらひら　はらはら　きみのとこ
ろ　へ　あくしゅを　しよう　あきのてのひ
ら
Meno mosso (♩. =38)
rit.
8va
L.H.

初夏に

まつのしげみ

夏の光はどこから来たの？
流れる小川の水面から
揺れかかった遊動円木から
横文字ばかりの街角から
午前八時、にぎやかなカフェテリアから
麦わら帽子の少女とともに
はじまりの唄うたいながら

そしてまたどこかへ行くのだろう
何事もなかったかのように

秋のてのひら

雪柳あうこ

1番
秋《あき》になったら　ぼくをみつけて
ちいさなどんぐり　おちるころには
たいようよりも　きいろくなるから

ひらひら　ひらひら　かぜとおどるよ
ぼくはイチョウ　秋《あき》のてのひら

2番
秋《あき》になったら　わたしをみつけて
つめたいかぜに　まけないように
ゆうやけよりも　まっかになるから

はらはら　はらはら　そらとおわかれ
わたしはモミジ　秋《あき》のてのひら

はらはら　はらはら　きみのところへ
あくしゅをしよう　秋《あき》のてのひら

星のことば
（斉唱・二部合唱）

笛木あゆ　作詞
SEIGI　作曲

作品へのコメント

あなたの言葉もキラキラ輝いて、誰かの心に優しさを届けているはずです。（笛木あゆ）

笛木さんの優しく温かな詩の世界へ寄り添うように作曲を心がけました。きらきらと星が輝くイメージで。星が輝く＝星からのメッセージ（すなわち星のことば）なのです。ピアノ伴奏も主旋律をなぞっていますので、音取りの段階から歌いやすいかと思います。編成は斉唱･2部合唱ですが、例えば１番を斉唱、２番から合唱で演奏しても楽しいでしょう。ハ長調の調べに乗せて、どうぞ美しい日本語を大切に歌ってください。（SEIGI）

B
た た ー ほ し は ー ま た た き ひ と
た た ー ほ し は ー さ さ や き こ こ
13
mp
た お ち て き た ほ し は ま た た き
た お ち て き た ほ し は さ さ や き
mp
み ー は か た る
ろ ー は か た る
17
ひ と み ー は か た る こ と ば が う ま れ る
こ こ ろ ー は か た る こ と ば が う ま れ る
21
mf
C
f
き ら き ら ら ー い つ の ひ に
き ら き ら ら ー い つ の ひ に
mf
f

25
mf
か せ かい じゅう に やさしい
か せ かい じゅう に へいわの
mf
29
1.
f
2.
f
ことばが ひろがるよー ひろ
ことばが
f
f
33
rit.
が るよー
rit.
mf
mp
p

フルーツポンチ

まつのしげみ　作詞
伊沢天寿　作曲

作品へのコメント

いろんなくだものが入ったフルーツポンチを食べると、小さいころのいろいろな夏の思い出がよみがえってきます。そして、楽しいこともイヤなこともぜんぶ味わってわたしの夏が終わっていきます。(まつのしげみ)

夏の日に食べるフルーツポンチ

シュワシュワした楽しみと夏の楽しみ、その時が過ぎていくちょっとした寂しさ。そんなことを思いながら書きました。皆さんが感じたままに歌ってみてください。フルーツポンチ食べながら口ずさんでくれるのも嬉しいです。(伊沢天寿)

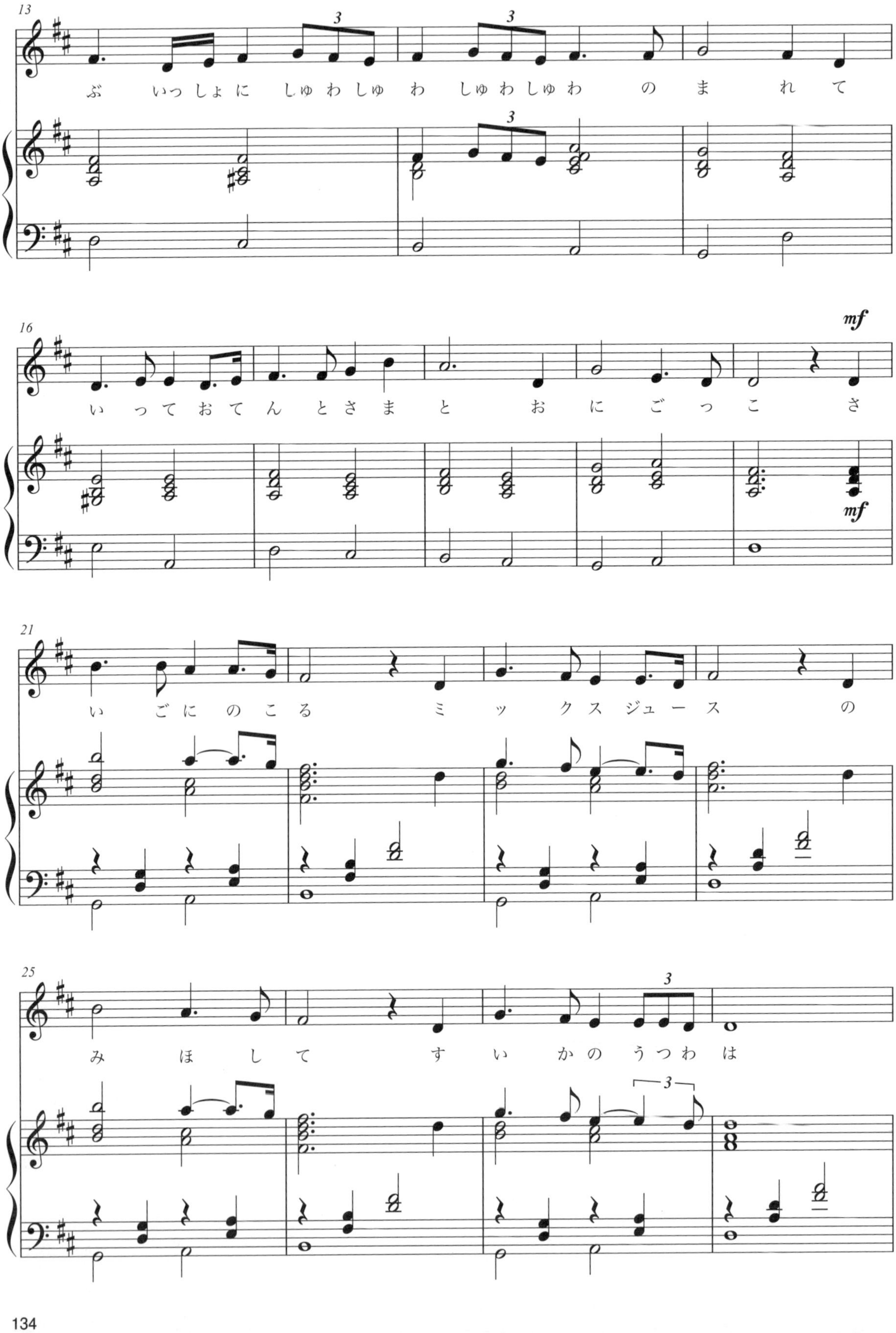
13
ぶ いっしょに しゅわしゅ わ しゅわしゅわ の ま れ て
16
mf
い っ て お て ん と さ ま と お に ご っ こ さ
mf
21
い ご に の こ る ミ ッ ク ス ジ ュ ー ス の
25
み ほ し て す い か の う つ わ は

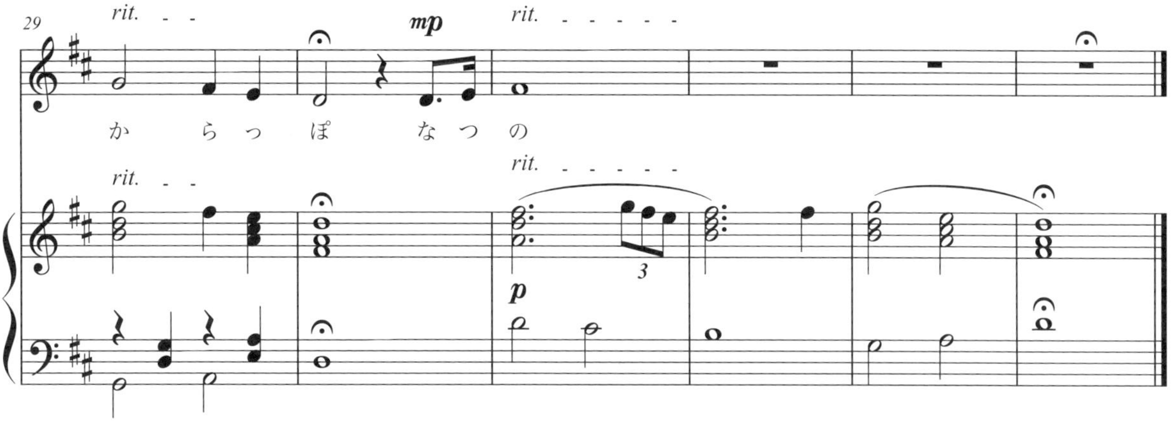

星のことば

笛木あゆ

星がふるよ　静かな夜に
てのひらにひとつ
星がおちてきた
星はまたたき　ひとみは語《かた》る
ことばが生まれる　きらきらら
いつの日にか　世界中《せかいじゅう》に
優《やさ》しいことばが　広がるよ

星がふるよ　あなたの街《まち》に
てのひらにひとつ
星がおちてきた
星はささやき　こころは語る
ことばが生まれる　きらきらら
いつの日にか　世界中に
平和のことばが　広がるよ

フルーツポンチ

まつのしげみ

夏の
　夏のしゅわしゅわ
爽やかに
　淡い思い出
あの日の夢
ぜんぶいっしょに
　しゅわしゅわ
しゅわしゅわ
呑まれていって
　お天道様とおにごっこ
最後に残る
　ミックスジュース
飲み干して
すいかの器は
からっぽ

夏の

笹舟

まつのしげみ　作詞
河野亮介　作曲

作品へのコメント

　だれも川の流れを止めようなんて考えないでしょう。流れに身をまかせ、起きていることをありのままに受け止めることで、それまでつらかったことでも案外おもしろく楽しめる瞬間が来たりするんですよね。（まつのしげみ）

　笹舟を作って川に流すという体験そのものは、昔そういった遊びをしたかなあ程度の記憶しかありませんが、なかなかうまくいかないけれど、それが逆に興味を掻き立ててくれるという子供心を思い出させてくれる詩でした。本作品では美しい自然を流れる川のせせらぎの風景、うまくいかないもどかしさなどの内面的な世界の両方を、一曲の中で表現できるように心がけました。（河野亮介）

やさしくながれるように ♩. = 48くらい

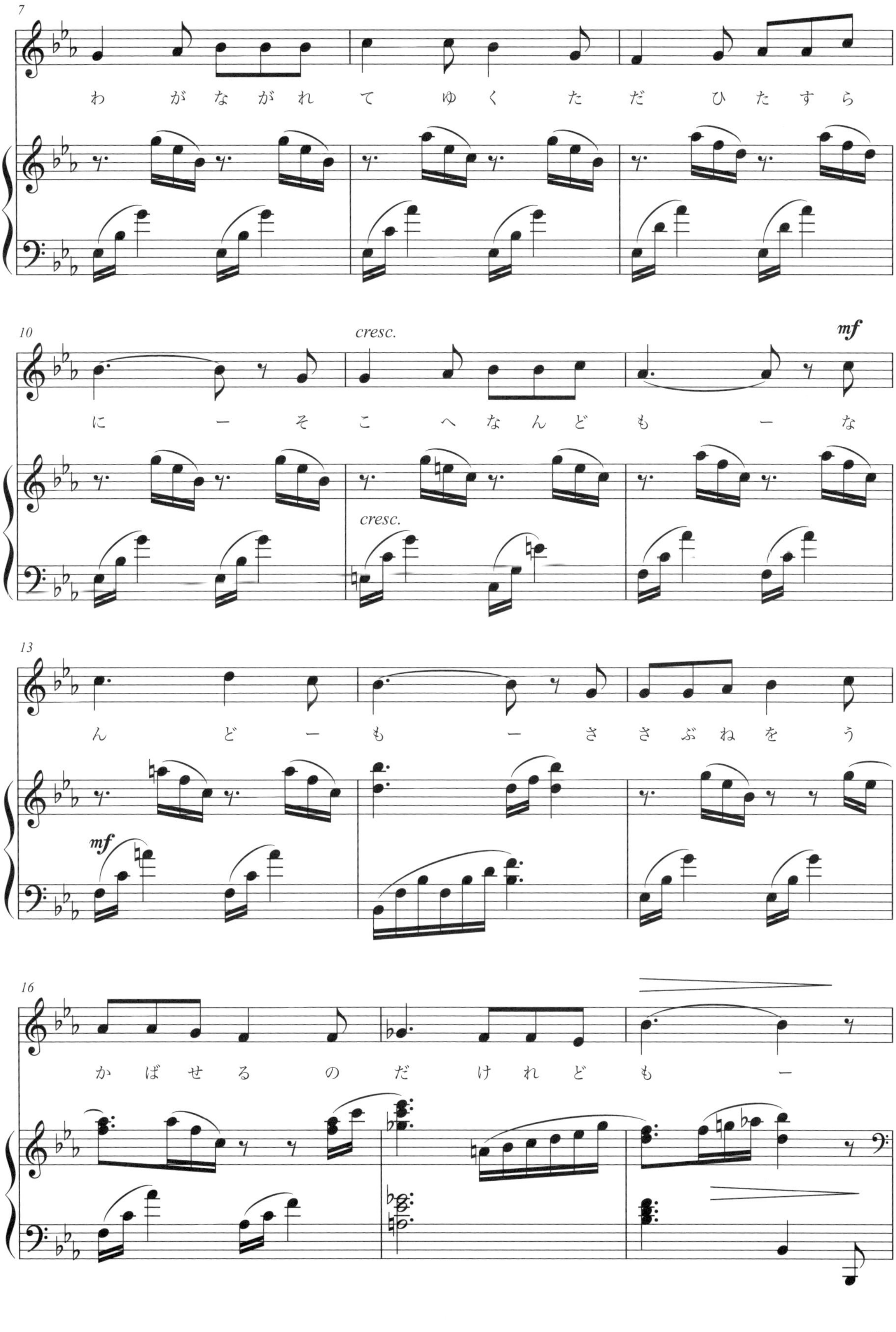
7
わ が な が れ て ゆ く た だ ひ た す ら
10
cresc.
mf
に ー そ こ へ な ん ど も ー な
cresc.
13
ん ど ー も ー さ さ ぶ ね を う
mf
16
か ば せ る の だ け れ ど も ー

19
mp
し ず む は し ず む
mp
21
よ く し ず む ー た ま に と お く へ
24
ゆ く の も あ る け れ ど ー
27
mp
あ れ も し ず む
mp

29
こ れ も し ず む ー
31
cresc.
けれども そ れ が おもしろ くっ て なん ど も
cresc.
f
f
34
なん ど も う か ば せ る
8va
rit.
37
mp
p

よるのじかんのひる

境まさる　作詞
藤元薫子　作曲

作品へのコメント

どんなに手を伸ばしても届かない、高い高い空の上の世界。
見上げてるだけで、色んな空想が広がります。
たまには常識にとらわれず、自由に物語を思い描いてみるのも楽しいものです。
あなたならどんな物語を描きますか。（境まさる）

13
p
よるのじかんの　おそらをみたら　ひるのおうちの　まど　あかり
おなかいっぱい　まんぞくしたら　ふっくらふとんが　まーってます
ねぼけまなこで　カーテンあけて　そらがあかるく　なりました
17
mf
1.
キーラキラ　かがやく　おほし　さま
ぐっーすりー　おねむの　じかん
あーさです　わたしも　おきま
21
2.
です
26
3.
すね

かくれんぼ

境まさる　作詞
境まさる　作曲

作品へのコメント

雪の降る日に遊ぶ仔犬と子供の幻想的な光景を歌にしました。
時代のせいか外で遊ぶ子供を見る事は少なくなりましたが、
下校中の小学生達のくったくのない笑顔や公園で遊ぶ親子の姿、
そして、東京近郊で見かけるわずかに積もった雪で作った小さな雪だるま…。
元気な子供達は今も昔も変わらない気がします。
　子供は遊びの天才！いっぱい遊んで大きく育って下さい。（境まさる）

♩= 70
mp
3
mp
1. ゆ き の ふ る ひ に　し っ ぽ を ふ っ て　は しゃ ぐ こ い ぬ と
2. ゆ き の ふ る ひ に　し っ ぽ を ふ っ て　は しゃ ぐ こ い ぬ が

6
かくれんぼ　ましろなおにわを　あちこちはしる
あしもとで　おにさんまだよと　じゃれてはにげる
9
p
もういいかい　もういいかい　かくれたならば
もういいかい　もういいかい　いつになっても
12
p
mp
おへんじしてね　もういいかい　もういいかい
かくれてくれぬ　もういいかい　もういいかい
15
rit.
p

笹舟

まつのしげみ

川が流れていく　ただひたすらに
そこへ　何度も何度も
笹舟を浮かばせるのだけれども
沈むは沈む　よく沈む
たまに　とおくへ行くのもあるけれど
あれも沈む　これも沈む
けれども　それが　おもしろくって
何度も何度も　浮かばせる

よるのじかんのひる

境まさる

よるのじかんがくるころに
ひるはおうちにかえります
よるのじかんのおそらをみたら
ひるのおうちのまどあかり
キラキラかがやくおほしさま

よるのじかんのおうちでは
ひるはごはんをたべてます
おなかいっぱいまんぞくしたら
ふっくらふとんがまってます
ぐっすりおねむのじかんです

よるのじかんがおわるころ
ひるはゆっくりめざめます
ねぼけまなこでカーテンあけて
そらがあかるくなりました
あさですわたしもおきますね

かくれんぼ

境まさる

雪《ゆき》のふる日《ひ》にしっぽをふって
はしゃぐ仔犬《こいぬ》とかくれんぼ
真白《ましろ》なお庭《にわ》をあちこち走《はし》る
もういいかい　もういいかい
かくれたならばお返事《へんじ》してね
もういいかい　もういいかい

雪《ゆき》のふる日《ひ》にしっぽをふって
はしゃぐ仔犬《こいぬ》が足元《あしもと》で
鬼《おに》さんまだよとじゃれては逃《に》げる
もういいかい　もういいかい
いつになってもかくれてくれぬ
もういいかい　もういいかい

たんぽぽ

境まさる　作詞
境まさる　作曲

作品へのコメント

小説でも漫画でも映画でも冒険の話は人気があるようですね。はじめての大空、はじめての土地、そして新しい友達、たんぽぽはどんな気持ちで旅をしたのでしょう。上手に歌おうなんて考えずに自分が主人公になって、冒険をしている気持ちで唄ってみてください。(境まさる)

♩= 75
8va
mp
1. ひ と り ぼ っ ち　は　さ み し い も ん　だ　は る の お わ り
2. し ら な い ま ち　は　ふ あ ん な も ん　だ　は る の お わ り
3. と も だ ち い る　と　た の し い も ん　だ　は る の は じ め
f
の　か ぜ　に ま　い　ー　お お　き　な　そ ら　へ　た
の　か ぜ　に ま　い　ー　し ら　な　い　お か　に　こ
の　か ぜ　の な　か　ー　な か　よ　く　み ん　な　は
L.H.

15
び に で た た ん ぽ ぽ わ た げ た び に で
し お ろ す た ん ぽ ぽ わ た げ こ し お ろ
な さ い た た ん ぽ ぽ お か に は な さ い
L.H. L.H. L.H. L.H.
20
1.
2.
た
す
8va
mp
25
(8va)
3.
rit.
mp
た ー は る の ひ

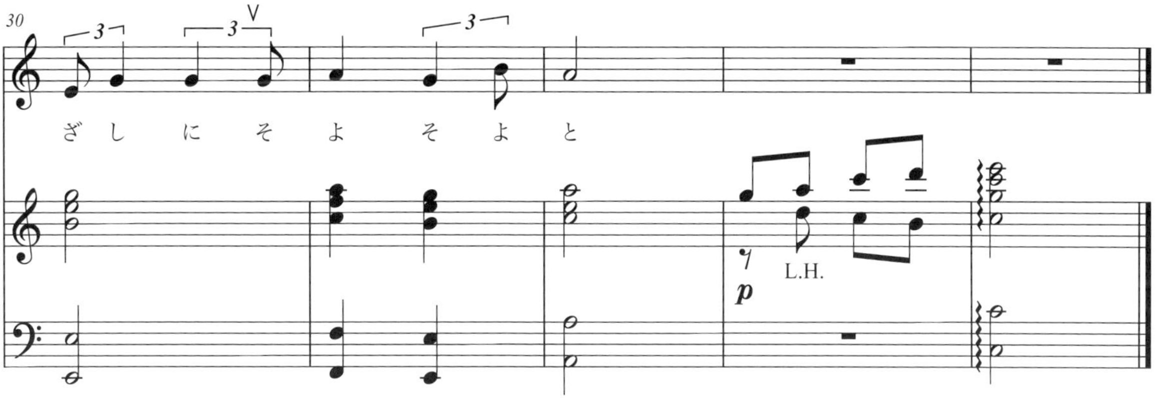

たんぽぽ

境まさる

ひとりぼっちはさみしいもんだ
春《はる》の終《お》わりの風《かぜ》に舞《ま》い
大《おお》きな空《そら》へ　旅《たび》に出た
たんぽぽ綿毛《わたげ》　旅《たび》に出た

知らない街《まち》は不安《ふあん》なもんだ
春《はる》の終《お》わりの風《かぜ》に舞《ま》い
知《し》らない丘《おか》に　こしおろす
たんぽぽ綿毛《わたげ》　こしおろす

ともだちいると楽《たの》しいもんだ
春《はる》の初《はじ》めの風《かぜ》の中《なか》
なかよくみんな　花咲《はなさ》いた
たんぽぽ丘《おか》に　花咲《はなさ》いた
春《はる》の日差《ひざ》しに　そよそよと

めぐみの木

青峰季里《あおみねきり》

1、サバンナに　はえた　木《き》にみのる
甘酸《あまず》っぱい　丸《まる》い実《み》は
象《ぞう》さん　お猿《さる》や　動物《どうぶつ》の
みんなの　お気《き》に入《い》り
マルララ　不思議《ふしぎ》な実《み》
一口《ひとくち》食《た》べたら　良《よ》い気分《きぶん》
マルララ　フワフワと
ダンスをおどる　夢《ゆめ》を見《み》る

2. サバンナに　くらす　人《ひと》たちは
甘酸《あまず》っぱく　熟《う》れた実《み》を
みんなで　祝《いわ》う　お祭《まつ》りが
毎年《まいとし》お楽《たの》しみ
マルララ　祭《まつ》りの日《ひ》
だれもが　笑顔《えがお》で　良《よ》い気分《きぶん》
マルララ　ウキウキと
心《こころ》がはずむ　歌《うた》ひびく

大地《だいち》の　鼓動《こどう》
自然《しぜん》の　恵《めぐ》み

マルララ　サバンナの
みんなの喜《よろこ》び　育《そだ》てる木《き》
マルララ　いつまでも
幸《しあわ》せまもり　見続《みつづ》ける

めぐみの木

青峰季里　作詞
青峰季里　作曲
加藤新平　補作編曲

作品へのコメント

自然のものや古くからある伝統や文化が、より良い形に変化をしても、なくならず、未来に続けて残していってほしいと願っています。（青峰季里）

♩ = 125
5
1. サバンナにはえた　きにみのる　あまずっぱい　まるいみは
2. サバンナにくらす　ひとたちは　あまずっぱく　うれたみを
9
ぞうさん　おさるや　どうぶつの　みんなのおきにいり
みんなで　いわう　おまつりが　まいとしおたのしみ

13
マ ル ラ ラ ラ　ふ し ぎ な み　ひ と く ち た べ た ら　よ い き ぶ ん
マ ル ラ ラ ラ　ま つ り の ひ　だ れ も が え が お で　よ い き ぶ ん
17
マ ル ラ ラ ラ　フ ワ フ ワ と　ダ ン ス を　お ど る　ゆ め を み る
マ ル ラ ラ ラ　ウ キ ウ キ と　こ こ ろ が　は ず む　う た ひ び く
21
1.
25
2.
♩ = 115

♩= 125
29
だいちの こどう しぜんの めぐみ ー
34
マルラララ サバンナの みんなのよろこび そだてるき
38
マルラララ いつまでも しあわせ まもり みつづける
42
ー

ひかりの　はっぱ

むかいゆうこ

1番

ここまで　おいで
おひさまが　てを　ふると
こぼれ　おちる　あさ

ひかりの　ロープに　つかまりながら
のびる　のびる　ぐんぐん　のびる

のびる　のびる　ぐんぐん　のびる
みどりの　はっぱは　ぐんぐん　のびる
のびる　のびる　ぐんぐん　のびる
ひかりを　あびて　ぐんぐん　のびる

おひさまの　うたを　ききながら
あおぞらに　むかって
ありがとうを　つたえたくて　のびるよ

のびる　のびる　ぐんぐん　のびる
みどりの　はっぱは　ぐんぐん　のびる
のびる　のびる　そよかぜに　ふかれて
ひかりの　はっぱは　いきを　している

2番

ぐっすり　おねむり
おほしさまが　ささやくと
おやすみの　よる

つきあかりの　ハンモックに　ゆられながら
ねむる　ねむる　すやすや　ねむる

ねむる　ねむる　すやすや　ねむる
みどりの　はっぱは　すやすや　ねむる
ねむる　ねむる　すやすや　ねむる
ひかりの　なかで　すやすや　ねむる

おほしさまの　こもりうたを　ききながら
ほしぞらに　むかって
おだやかな　あすを　ゆめみて　ねむるよ

ねむる　ねむる　すやすや　ねむる
みどりの　はっぱは　すやすや　ねむる
ねむる　ねむる　よかぜに　ふかれて
ひかりの　はっぱは　いきを　している

じゃんけんピース

村田文教

じゃんけんぽんの　チョキ
向《む》きをかえたら　ピース
はものじゃなくて平和《へいわ》に　ピース　ピース
あらそうことなく　たのしくわらって
ピース　ピース

じゃんけんぽんの　パー
手首起《てくびお》こして　待《ま》った
紙《かみ》ではないよ切《き》るのは　待《ま》った　待《ま》った
きずつけ合《あ》わずに　なかよくしようよ
ピース　ピース

じゃんけんぽんの　グー
二《ふた》つ合《あ》わせて　タッチ
石《いし》ではなくて挨拶《あいさつ》　グーで　タッチ
ギスギスしないで　みんなでなごやか
ピース　ピース

グーチョキパーなら　みんなでおあいこ
ピース　ピース　ピース

対象 こどもからおとなまで

ひかりのはっぱ

むかいゆうこ　作詞
むかいゆうこ　作曲

作品へのコメント

みどりさんの　にわの　かしの木は　まいとし　せたけがのびて　いまでは　にかいの　まどから　はっぱと　おはなしができるほど　おおきくなりました。あさひを　あびて　げんきいっぱいの　はっぱたち。みらいを　になうこどもたちが　のびのびと　すこやかに　そだって　いきますように。いのるような　きもちで　つくりました。（むかいゆうこ）

19
poco dim. e rit.
ロ ー プ に つ か ま り な が ら の び る の び る ぐ ん ぐ ん の び
ハ ン モ ッ ク に ゆ ら れ な が ら ね む る ね む る す や す や ね む
poco dim. e rit.
25
a tempo
mp
る の び る の び る ぐ ん ぐ ん の び る み ど り の は っ
る ね む る ね む る す や す や ね む る み ど り の は っ
a tempo
mp
31
poco cresc.
ぱ は ぐ ん ぐ ん の び る の び る の び る ぐ ん ぐ ん
ぱ は す や す や ね む る ね む る ね む る す や す や
poco cresc.

37
dim.
p
のびる ひかり を あびて ぐん ぐ んのびる お
ねむる ひかり の なかで すやす やねむる おほ
8va
dim.
p
43
poco rit.
a tempo
ひ さ ま の う た を き き な が ら あおぞらに むかーって
しさまのこも り う た を き き な が ら ほしぞらに むかーって
poco rit.
a tempo
49
cresc.
f
ありがとうを つ たえた く て ー のびる
おだやかなあす をゆめ み て ー ねむる
8va
cresc.
f

54
espressivo
よ のびる のびる ぐんぐん のびる みど
よ ねむる ねむる すやすや ねむる みど
(8va)
molto legato e brillante
59
poco a poco cresc.
りのはっぱは ぐんぐんのびる のびる のび
りのはっぱは すやすやねむる ねむる ねむ
(8va)
poco a poco cresc.
64
to Φ
る そよかぜにふかれて ひかりのはっぱはいき
る よかぜにふかれて ひかりのはっぱはいき
(8va)

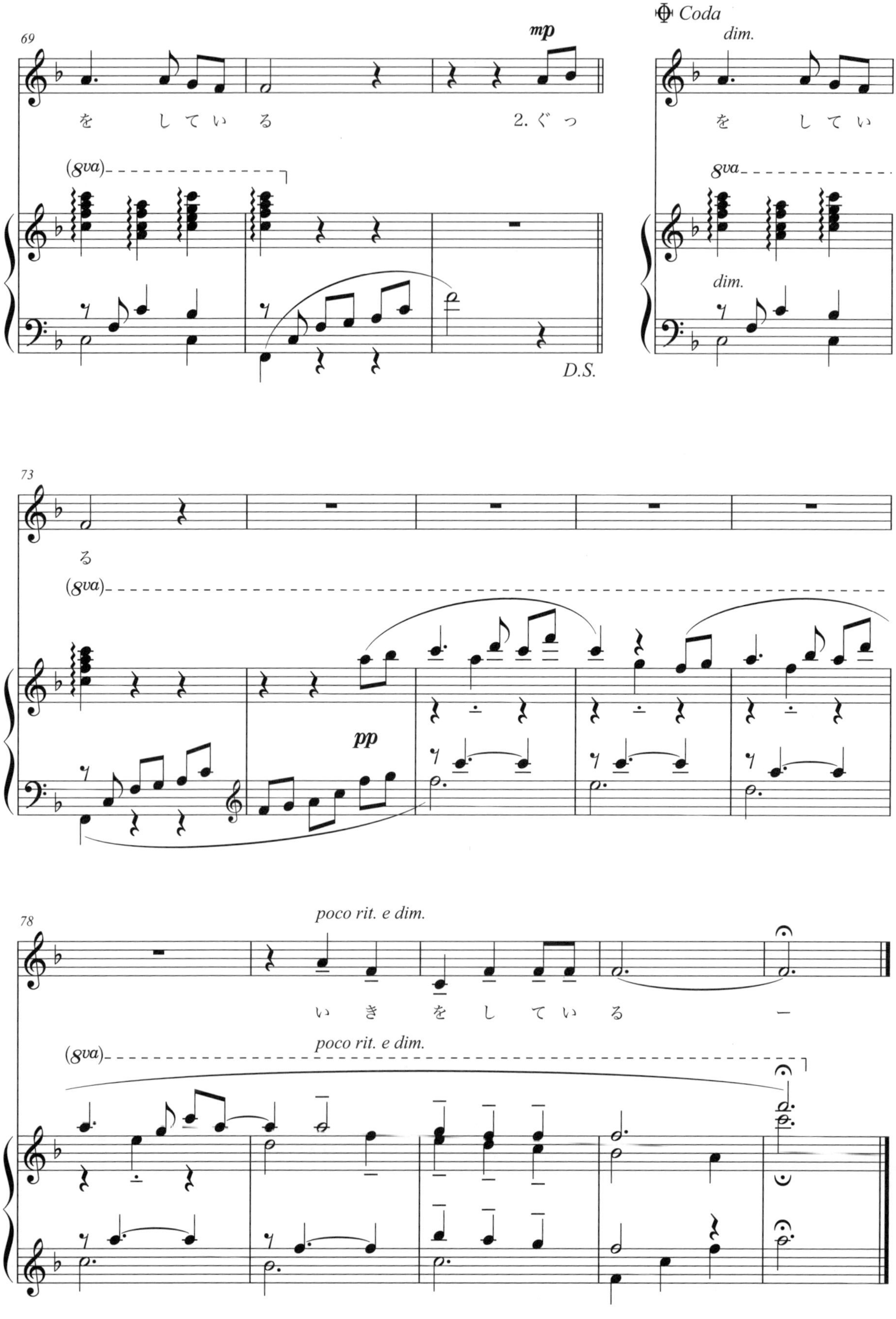
69
mp
をしている
2.ぐっ
(8va)
D.S.
Coda
dim.
をしてい
8va
dim.
73
る
(8va)
pp
78
poco rit. e dim.
いきをしている
ー
(8va)
poco rit. e dim.

タイムマシンでママがきた

江上恵子　作詞
江上恵子　作曲

作品へのコメント

小さい頃の自分の子供に会ってみたいな、と思う事があります。たぶん、4、5日もすると疲れてしまうでしょうが…。「今日はちょっと叱りすぎたかな」と反省しているお母さん、子供さんも「なぜだろう？またやっちゃったよ」と思っているかもしれませんね。(江上恵子)

9
にじゅうねんごの みらいから ぼくにずー っと あいたくて
13
legato
やってきたんだ よ こうもんの そと でー
17
mp leggiero
mf legato
ぼくを そっと まってたー いまの ママに みつかると
mp
mf legato
21
marcato
しかられちゃうって いまの ママは

25
legato
ガミガミ
みらいのママは
ニコニコ
いまの ママは
mp
mf
Ped.
29
espressivo
f
バタバタ
みらいのママは
なぜかなみだ
ぐんでるー
3
Ped.
33
mf
ー
タイムマシンで
ママがきて
ぼくにおしえて
37
くれたんだ
いもうと も
げんきでー
きれいになったっ

41
cantabile
て　だけど　ぼくが　みらいでー　どんな　ことを
Ped. Ped. Ped. Ped.
45
mp
してるかー　なんど　ぼくが　きいてもー　ないしょにしてる
mp
Ped. Ped. Ped. Ped. Ped.
49
mf
タイムマシンで　ママがきて
mf
53
すぐにかえって　いったんだ　だけどいつか　あえるねー

タイムマシンでママがきた

江上恵子

タイムマシンでママが来《き》た　二十年後《にじゅうねんご》の未来《みらい》から
ぼくにずーっと会《あ》いたくて　やってきたんだよ
校門《こうもん》の外《そと》で　ぼくをそっと待《ま》ってた
今《いま》のママに見《み》つかると　しかられちゃうって
今《いま》のママはガミガミ　未来《みらい》のママはニコニコ
今《いま》のママはバタバタ　未来《みらい》のママはなぜか涙《なみだ》ぐんでる

タイムマシンでママが来《き》て　ぼくに教《おし》えてくれたんだ
妹《いもうと》も元気《げんき》で　きれいになったって
だけどぼくが未来《みらい》で　どんな事《こと》をしてるか
何度《なんど》ぼくがきいても　ないしょにしてる
タイムマシンでママが来《き》て　すぐに帰《かえ》って行《い》ったんだ
だけどいつか会《あ》えるね　しらがまじりのやさしいママに

対象　小学校中学年

じゃんけんピース

村田文教　作詞
岩下周二　作曲

作品への
コメント

　ロシアによるウクライナ侵攻、イスラエルのガザへの攻撃と、世界では不穏な動きが広がっています。平和の重要性がこれまでになく感じられる日々となっています。「じゃんけんピース」は争い事もちょっとだけ、考え方を変えることで、回避できるのではないかという期待と、戦いがなくなるよう、関係者に考えを改めて欲しいというメッセージを込めてつくりました。(村田文教)

　大人になればなるほど、じゃんけんってしなくなるんだよね。だから武器なんかで勝ち負けを決めようとするのかな……。合唱曲じゃないけど、この歌はやっぱり仲間とみんなで歌うほうがいい。……そもそも、一人ではじゃんけんもできないし。(岩下周二)

★）（　）内は無声音。

10
𝄾 へいわにピー(ス) 𝄾 ピーー ー(ス)
きるのーはまった 𝄾 まったー ー
あいさーつグーで ターー ー(ッチ)
13
あらそうことなくたのしくわらーって
きずつけあわずになかよくしようよ
ギスギスしないでみんなでなごやか
ピー(ス)
16
ピーー(ス)
1, 2.

3.
グー チョ キ パー な ら み ん な で お あ い こ ピ ー(ス)
ピ ー ー(ス)
rall. - - - Lento
8va

時計になれたら

村田文教　作詞
北原英司　作曲

作品へのコメント

人は自分勝手なもので、楽しいことは早く経験したい。また、嫌なことは先送りしたい。そして、今の歓びが大きければ、ずっと続いて欲しいと思いがちです。私自身もそんなシチュエーションによく、直面します。ただ、あくまで願望にすぎません。今回の作品は、希望の通りにならない日々を乗り越えることこそ、人生のちょっとした「経験」「歓び」ではないかとの思いで描きました。(村田文教)

時間を自由にできたら楽しいでしょう。でもそうはいきませんね。この曲も、テンポは揺らさず、だけど体は揺らしながら楽しくスウィンギーに演奏してください。(北原英司)

♩= 130 楽しくはずんで
4
は や く た んじょ う び こ な い か な
しゅ く だ い が お わ ら な い
7
プ レ ゼ ン ト が ま ち ー き れ ず と ー け い ー に
お か あ さ ん に し か ー ら れ る と ー け い ー に

なれーたら スイスイじかんをはやめるの
なれーたら グルグルじかんをもどせるの
に でも いがーいと
に でも やっーぱり
まてばよろこびおーおきいよ
ここはがんばるしーかないね
なつの

22
きょうは　きょうは
25
さらに快活にはずんで
ともだちと　ゆうえんち　たのしすぎて
28
もうーひぐれ　とーけいーになれーたら
31
グズグズ　じかんを　とどめるのに

時計《とけい》になれたら

村田文教

はやく誕生日《たんじょうび》　こないかな
プレゼントが　待《ま》ちきれず
時計《とけい》になれたら
スイスイ　時間《じかん》を早《はや》めるのに…
でも　意外《いがい》と
待《ま》てば歓《よろこ》び　大《おお》きいよ

なつの宿題《しゅくだい》が　終《おわ》らない
おかあさんに　しかられる
時計《とけい》になれたら
グルグル　時間《じかん》をもどせるのに…
でも　やっぱり
ここは頑張《がんば》る　しかないね

きょうはともだちと　ゆうえんち
楽《たの》しすぎて　もうひぐれ
時計《とけい》になれたら
グズグズ　時間《じかん》をとどめるのに…
でも　それだと
きりがないから　帰《かえ》ろうよ

全日本児童音楽協会
作詞・作曲会員募集の
ご案内

本会は、毎年「ぜんじおん子どものうた」曲集の発刊、「新しい子どものうたフェスティバル」、「新しい子どものうた作詞コンクール」の開催などを行っています。

音楽の創造を目指す方には、良いチャンスでもあります。
本会に入会を希望される方は、下記までお問い合わせください。

【連絡先】 **全日本児童音楽協会 事務局**

〒151-0071 東京都渋谷区本町 4-9-1-1F
Office.SHIMOJISSIMO 内
電話：03-6383-3936
FAX：03-6300-9937
Mail：info@zenjion.jp
HP ：http://zenjion.jp

子どものための楽曲創作を目的として発足し、半世紀を越える歴史を持つ作詞家と作曲家による作家団体である全日本児童音楽協会が編纂した子どもの曲集

新しい子どもの歌 2018

全日本児童音楽協会編

B5版 48ページ
定価1,600円（税込1,760円）

ISBNコード：9784907121716
JANコード：4524518008991

「空ってきれい」「オカリナを吹く少女」「すぐ」「I'm so glad to meet you」「落ち葉のかけっこ」「すみれ物語」など全17曲を収めた、ピアノ伴奏譜つきの子どもの歌の楽譜集。

○空ってきれい
作詞：さいとうかよこ／作曲：柳井和郎

○大好きふるさと かいでん馬
作詞：平川文夫／作曲：藤元薫子

○少女
作詞：平川文夫／作曲：中山まり

○オカリナを吹く少女
作詞：平川文夫／作曲：岩下周二

○虹色の気球にのって
作詞：田沢節子／作曲：塚本一実

○春がそこまで
作詞：長谷川智子／作曲：藤元薫子

○すぐ
作詞：下司愉宇起／作曲：北澤秀夫

○I'm so glad to meet you
作詞：小泉喜美子／作曲：藤元薫子

○秋なのに
作詞：小泉喜美子／作曲：宝積侑子

○ジャガランダの花
作詞：小泉喜美子／作曲：宮嶋固建

○すずめのおしゃべり
作詞：林みやこ／作曲：上田ますみ

○赤い実
作詞：林みやこ／作曲：北澤秀夫

○落葉のかけっこ
作詞：林みやこ／作曲：宮嶋固建

○ねぎぼうず
作詞：藤岡きみこ／作曲：北澤秀夫

○もぐらが眼鏡を
作詞：藤岡きみこ／作曲：宮嶋固建

○すみれ物語
作詞：藤岡きみこ／作曲：ほうづみひでのり

○春でしょか
作詞：小泉明子／作曲：北澤秀夫

新しい子どもの歌 2019

全日本児童音楽協会編

B5版 48ページ
定価1,600円（税込1,760円）

ISBNコード：9784907121761
JANコード：452451800900

「雲のかげぼうし」「千羽鶴」「手と目で伝え合えたら」「萩の花」「まねっこいぬ」など全16曲を収めた、ピアノ伴奏譜つきの子どもの歌の楽譜集

○**赤い貝白い貝さくら貝**（小学校高学年向け）
作詞：平川文夫／作曲：柳井和郎

○**まいごのこいぬ**（小学校中学年以上向け）
作詞：林みやこ／作曲：ほうづみひでのり

○**雲のかげぼうし**（小学校高学年向け）
作詞：小泉喜美子／作曲：中山まり

○**急ぎあし**（小学校低学年向け）
作詞：長谷川智子／作曲：藤脇千洋

○**氷河のお話**（小学校高学年向け）
作詞：小泉喜美子／作曲：中西明子

○**いちりんのはな**（小学校中学年～大人まで）
作詞：下司愉宇起／作曲：岩下周二

○**千羽鶴**（小学生の古典＆ポップ）
作詞：藤岡きみこ／作曲：塚本一実

○**まっかだよ**（小学校高学年向け）
作詞：林みやこ／作曲：北島幸作

○**風船かずら**（小学校高学年以上向け）
作詞：小泉明子／作曲：上田ますみ

○**手と目で伝え合えたら**（小学校中学年向け）
作詞：平川文夫／作曲：北澤秀夫

○**萩の花**（合唱への導入・小学校3年生くらい）
作詞：藤岡きみこ／作曲：北澤秀夫

○**まねっこいぬ**（小学校低学年向け）
作詞：林みやこ／作曲：藤元薫子

○**アリのきょうだい**（小学校中～高学年向け）
作詞：藤岡きみこ／作曲：藤元薫子

○**群れ飛ぶ赤トンボ**（小学校中学年以上向け）
作詞：澁谷博／作曲：宝積侑子

○**めだかのあかちゃん**（小学校低学年向け）
作詞：平川文夫／作曲：宮嶋固建

○**Children's daily life**（小学校高学年向け）
作詞：小泉喜美子／作曲：宮嶋固建

新しい子どもの歌 2020

全日本児童音楽協会編

B5版 52ページ
定価1,980円（税込2,178円）

ISBNコード：9784907121297
JANコード：452451801036

子どものための楽曲創作を目的として発足し、半世紀を越える歴史を持つ、作詞家と作曲家による作家団体「全日本児童音楽協会」が編纂した、子どものための曲集「新しい子どもの歌」の第3弾です。この曲集には、何気ない日常のことから広い世界のこと、くすっと笑えたりなるほどと感慨深くなったり・・・色々な景色や感情につれていってくれる素敵な詞とメロディーの全16作品がおさめられています。子どもたちだけではなく大人にもぜひ歌ってほしい、私たちの心を解き癒してくれる、懐かしくてあたたかい音楽をぜひお楽しみください。（下司愉宇起）

○今日のお風呂
作詞：小泉明子／作曲：藤元薫子

○あめあめふれふれ
作詞：平川文夫／作曲：中山まり

○まだ寒い
作詞：小泉明子／作曲：北澤秀夫

○あくびがリレー
作詞：藤岡きみこ／作曲：宮嶋固建

○みのむし
作詞：藤岡きみこ／作曲：宝積侑子

○サンゴが歌う　白い砂浜
作詞：黒田勲子／作曲：岩下周二

○フリージァ
作詞：平川文夫／作曲：藤脇千洋

○たんぽぽのわた毛
作詞：藤岡きみこ／作曲：藤元薫子

○マッターホルン雲の上
作詞：こいずみきみこ（西脇久夫補作）／作曲：島田克也

○金木犀
作詞：小泉喜美子（西脇久夫補作）／作曲：新藤理恵

○さよなら秋
作詞：小泉明子／作曲：柳井和郎

○歌がうまいねあの子
作詞：平川文夫／作曲：宮嶋固建

○あじさいの花
作詞：田沢節子／作曲：北澤秀夫

○海は、ゆっくり深呼吸
作詞：小泉喜美子（西脇久夫補作）／作曲：上田ますみ

○9がつのおくりもの♪
作詞：下司愉宇起／作曲：塚本一実

○わたしはけしゴム
作詞：藤本美智子／作曲：藤元薫子

新しい子どもの歌 2021

全日本児童音楽協会編

B5版 184ページ
定価2,800円（税込3,080円）

ISBNコード：9784907121327
JANコード：4524518010390

未来を担う子どもたちの心の引き出しに、今生まれ生きる音楽を提供することを目標に毎年新作こどものうたを発表している全日本児童音楽協会の2021年作品集。あたらしい、たのしい•うれしい•おもしろいが詰まった一冊。発表会やレクリエーション、さまざまなシーンでユニークな演出が期待できます。（下司愉宇起）

○**春の小さな芽**（小学校高学年から）
作詞：黒田勲子／作曲：石水誠
○**丘にのぼれば**（小学校中学年から）
作詞：小泉明子／作曲：小林聡羅
○**くるった時計**（小学校中学年向き）
作詞：小泉明子／作曲：久米詔子
○**故郷のうた**（小学校5年生から）
作詞：小泉明子／作曲：藤元薫子
○**秋が終ろうとしている**（小学校高学年から）
作詞：さいとうかよこ／作曲：中田恒夫
○**声は心のハーモニー**（小学校3年生から）
作詞：宍戸幽香里／作曲：藤元薫子
○**ゆきの山の動物園**（小学校低学年向き）
作詞：宍戸幽香里／作曲：安元麦
○**小人の大工さん**（小学校低学年向き）
作詞：藤岡きみこ／作曲：藤脇千洋
○**春はいつか**（小学校低学年向き）
作詞：藤岡きみこ／作曲：藤中聖也
○**れんげ草**（小学校高学年から大人まで）
作詞：藤岡きみこ／作曲：白谷仁子
○**木の気分**（小学校低学年から）
作詞：藤本美智子／作曲：北澤秀夫
○**かるがもママ**（小学校3、4年生向き）
作詞：安倍暁／作曲：木村茂雄

○**ジャンケンポン**（小学校低学年向き）
作詞：大きな耳／作曲：宮嶋固建
○**きんもくせい**（小学校高学年から）
作詞：桂ほのか／作曲：伊沢天寿
○**はるのさんぽみち**（小学校低学年から高学年）
作詞：小宮正人／作曲：小田実結子
○**ごせんぞさま**（小学校低学年から中学年）
作詞：境まさる／作曲：小林仁美
○**タイムマシン**（小学校低学年から）
作詞：佐久間英興／作曲：北澤秀夫
○**うちゅうじん**（全学年対象）
作詞：ささじかおり／作曲：神保創一
○**せいたかのっぽのきりんさん**（幼稚園児から小学校低学年）
作詞：佐藤きりん／作曲：宝積侑子
○**それは何じゃ**（小学校中学年から大人まで）
作詞：白土義隆／作曲：新藤理恵
○**ハートフルアース**（小学校中学年から高学年向き）
作詞：野田裕司／作曲：久保共生
○**おはよう通学路**（小学校低学年から）
作詞：ひろひろ／作曲：北澤秀夫
○**うたがうまれた**（小学校中学年向き）
作詞：やまぐちりりこ／作曲：平井由美
○**ぞうのゆめ ありのゆめ**（小学校低学年用）
作詞：やまぐちりりこ／作曲：中山まり

○**ゆっくりくるり**（小学校中学年向き）
作詞：山下時空／作曲：小畑有史
○**オオイヌノフグリ**（小学校高学年以上から大人まで）
作詞：田沢節子／作曲：柳井和郎
○**朝の雲**（小学校高学年向き）
作詞：小泉喜美子／作曲：宮嶋固建
○**ぼくらは 元気 ひかりの子**（小学校4学年から）
作詞：小泉喜美子／作曲：藤元薫子
○**すてきなプレゼント**（小学校低学年から中学年向き）
作詞：黒田勲子／作曲：宮嶋固建
○ **いろ**（小学校高学年から）
作詞：下司愉宇起／作曲：木下紀子
○**うっかりお月**（小学校低学年から）
作詞：下司愉宇起／作曲：岩下周二
○**ともだちになろうよ！**（小学校低学年から）
作詞：下司愉宇起／作曲：塚本一実
○**空の色**（小学校4学年から）
作詞：おのゆうと／作曲：望月竜太
○**小さな手**（小学校高学年から大人まで）
作詞：江上惠子／作曲：江上惠子
○**希う**（小学校高学年から大人まで）
作詞：関戸由佳／作曲：関戸由佳
○**もうすぐ夜明け**（小学校高学年から）
作詞：小泉喜美子／作曲：上田ますみ

■全日本児童音楽協会創立60周年記念　新しい子どものうた作詞コンクール

○**踏み出そう！**（子どもの部チューリップ賞）
作詞：リコピン／作曲：安元麦
○**未来につなげ**（子どもの部こいのぼり賞）
作詞：入山結衣／作曲：加藤新平

○**はるのうた**（子どもの部すいか賞）
作詞：ブルーミング・レイ／作曲：ブルーミング・レイ（補作曲）新藤理恵
○**あなたが産まれた朝に**（大人・一般の部チューリップ賞）
作詞：鳥羽山美和／作曲：小林聡羅

○**そらとうみとおほしさま**（大人・一般の部こいのぼり賞）
作詞：とりをなみ／作曲：上田ますみ
○**ぼくはぞうだぞう**（大人・一般の部ゴロちゃん賞）
作詞：鈴木紀代／作曲：塚本一実

■全全日本児童音楽協会 創立60周年記念曲

○**ザ・かえる・オーケストラ**（小学校低学年から）
作詞：だてしゅん／作曲：新藤理恵
○**なみはけしごむ**（小学校高学年向き）
作詞：岩城建／作曲：宝積侑子

○**庭の木蓮**（小学校高学年から）
作詞：下司愉宇起／作曲：青島広志
○**母の思い出**（小学校高学年向き）
詞：宍戸幽香里／作曲：宍戸幽香里

○**ぼくが鳥になったら**（小学校低学年から）
作詞：西多賀ベッドスクール児童／作曲：松村禎三
○**ゆずの木**（小学校全般向き）
作詞：杉山かずひで／作曲：上田ますみ

新しい子どもの歌 2022

全日本児童音楽協会編

B5版　184 ページ
定価 3,080 円（本体 2,800 円＋税）

ISBN コード : 9784907121341
JAN コード : 4524518010406

未来を担う心の引き出しに、今生まれ生きる音楽を届けたい！　その思いから毎年、新作こどものうたを発表している全日本児童音楽協会の2022年作品集。個性豊かな楽曲が詰まった一冊のため、教育現場や子ども向けのイベント、発表会までさまざまなシチュエーションで活用していただけます。

○**朝顔の君**（小学校中学年から）
作詞：さいとうかよこ／作曲：伊沢天寿

○**アスパラ　パラパラ**
（小学校低学年から高学年向き）
作詞：東西　薫／作曲：松岡まさる

○**イケメン野菜の歌**（小学校低学年から）
作詞：遙　北斗／作曲：中田恒夫

○**カスタネット**（小学校高学年から）
作詞：藤岡きみこ／作曲：木下紀子

○**風さんあそぼ**（小学校中学年向き）
作詞：田沢節子／作曲：藤元薫子

○**かもめの言葉**（小学校低学年向き）
作詞：小泉明子／作曲：小林聡羅

○**きらきらひかる**（小学校低学年から大人まで）
作詞：三木ちかこ／作曲：新藤理恵

○**くつクック**（小学校中学年から高学年向き）
作詞：田沢節子／作曲：藤脇千洋

○**心の花**（小学校中学年向き）
作詞：秋山くに／作曲：岩下周二

○**こころは地球**（小学校低学年から）
作詞：笛木あゆ／作曲：伊沢天寿

○**ごはん（小学校低学年から）**
作詞：鳥羽山美和／作曲：小鹿　紡

○**コンペイトウダンゴムシ**
（小学校３～４年生向き）
作詞：草丈／作曲：安元　麦

○**さくらの木のしたで**
（小学校高学年から大人まで）
作詞：むかいゆうこ／作曲：むかいゆうこ

○**さくら咲く国日本**
作詞：野田裕司／作曲：北澤秀夫

○**しあわせたんけんたい**
（小学校高学年から大人まで）
作詞：甲斐絢子／作曲：木下紀子

○**じいちゃんの祈り**（小学校中学年から）
作詞：清水みどり／作曲：久保共生

○**水仙の花**（小学校高学年から）
作詞：さいとうかよこ／作曲：白谷仁子

○**水道の水**（小学校中学年から）
作詞：藤岡きみこ／作曲：宮嶋固建

○**すきすき モースキート・ラブ**
（小学校高学年から大人まで）
作詞：下司愉宇起／作曲：小畑有史

○**そっくりゆきだるま**
作詞：小宮正人／作曲：北澤秀夫

○**そらへとぶクジラ**（小学校高学年から）
作詞：桂　ほのか／作曲：江上恵子

○**田んぼのかえる**（小学校中学年から）
作詞：藤岡きみこ／作曲：高河誠太郎

○**小さな手**（小学校低学年向き）
作詞：秋山くに／作曲：宮嶋固建

○**机の上の旅**（小学校全学年対象）
作詞：鳥羽山美和／作曲：木村茂雄

○**つぼみ、ひらく**（小学校４年生から）
作詞：おのゆうと／作曲：望月竜太

○**とおいおと**（小学校低学年から中学年）
作詞：小宮正人／作曲：小林仁美

○**虹色になれ**（小学校低学年から）
作詞：笛木あゆ／作曲：高河誠太郎

○**ねこのここねこ**（小学校中学年から）
作詞：境まさる／作曲：上田ますみ

○**はる**（小学校低学年から）
作詞：たまこ／作曲：加藤新平

○**春に恋**（小学校中学年から）
作詞：野田裕司／作曲：小田実結子

○**春の雪**
作詞：さいとうかよこ／作曲：北澤秀夫

○**人は皆地球の兄弟**
作詞：蛙屋萬斎／作曲：柳井和郎

○**ぼくは天才シェフクックレンジャー**
（小学校低学年から）
作詞：吉沢美栄／作曲：久保共生

○**僕らの未来地図**（小学校高学年から）
作詞：関戸由佳／作曲：関戸由佳

○**ぽつねん**
作詞：木村キリコ／作曲：藤中聖也

○**ポンポンポポン**（小学校高学年から大人まで）
作詞：遙　北斗／作曲：神保創一

○**まんまるお月さま**（小学校高学年から）
作詞：鈴木紀代／作曲：塚本一実

○**水色の空**（小学校高学年向き）
作詞：さいとうかよこ／作曲：藤元薫子

○**みのむしくん**（幼児から小学生向き）
作詞：小泉明子／作曲：松岡まさる

○**みんな分身**（小学校高学年向き）
作詞：山下時空／作曲：中山まり

○**夕焼けさん**（幼稚園児から小学校低学年）
作詞：境まさる／作曲：宝積侑子

○**ゆめいっぱい**（小学校低学年から）
作詞：むかいゆうこ／作曲：むかいゆうこ

○**わたしにいもうとできたの**
（小学校低学年向き）
作詞：高岡きょう子／作曲：平井由美

ぜんじおん 子どものうた1

全日本児童音楽協会編

B5版　152ページ
定価 3,080円（本体 2,800円＋税 10%）

ISBNコード：9784907121808
JANコード：4524518010116

いまを生きる子どもたちに、新しい「うた」を届けることを目標に活動している（一社）全日本児童音楽協会の2023年作品集。日本全国の作詞家・作曲家によるバラエティに富んだ一冊で、教育現場、レクリエーション、イベントや発表会などさまざまな現場でご活用いただけます。

○あした えがおに なあれ（小学校低学年から）
作詞：むかいゆうこ／作曲：むかいゆうこ

○あっち　こっち　どっち…（小学校高学年）
作詞：鈴木紀代／作曲：小林仁美

○雨上がりの小さな世界
作詞：野田裕司／作曲：小田実結子

○歌とわたし
作詞：まつのしげみ／作曲：藤脇千洋
藤脇千洋（補作）

○おこと
作詞：境まさる／作曲：宮嶋固建

○おじいちゃんの面影
作詞：まつのしげみ／作曲：加藤新平

○おてがみ（小学校低学年向き）
作詞：江上惠子／作曲：江上惠子

○おとなのせかい・こどものせかい
（小学校低学年から（B斉唱は未就学児から））
作詞：しもじゆうき／作曲：神保創一

○おひさま　エプロン（小学校低学年から）
作詞：むかいゆうこ／作曲：むかいゆうこ

○おやすみ、おやすみ
作詞：鳥羽山美和／作曲：小鹿　紡

○柿の歌（小学校低学年・中学年向き）
作詞：中山まり／作曲：中山まり

○君と歌えば
作詞：SEIGI／作曲：SEIGI

○さくらがいひとつ
作詞：藤岡きみこ／作曲：上田ますみ

○シャインマスカット
作詞：田沢節子／作曲：北澤秀夫

○空からの花火
第3回　新しいこどもの歌作詞コンクール
「ごろちゃん賞」受賞作品
作詞：村田文教／作曲：久米詔子

○タイムトラベルトイレット
作詞：ささじかおり／作曲：ささじかおり

○月がみてる
作詞：笛木あゆ／作曲：木下紀子

○手のひら
作詞：秋山くに／作曲：塚本一実

○手のひらの未来へ
作詞：甲斐絢子／作曲：関戸由佳

○夏の空とぼく
作詞：笛木あゆ／作曲：久保共生

○にわとりカラス
作詞：境まさる／作曲：北澤秀夫

○にわとりコッコ
作詞：藤岡きみこ／作曲：平井由美

○ハシビロコウ（小学校低学年）
作詞：三木ちかこ／作曲：伊沢天寿

○ハッパッピー（幼児から）
作詞：遙　北斗／作曲：新藤理恵

○春っ　とうじょう！
作詞：遙　北斗／作曲：藤元薫子

○ぴあの
作詞：まつのしげみ／作曲：小林聡羅

○引越し雨日和
作詞：まつのしげみ／作曲：北澤秀夫

○ひまわり
作詞：さいとうかよこ／作曲：柳井和郎

○まあるいマンボ（小学校低学年から）
第3回　新しいこどもの歌作詞コンクール
「ごろちゃん賞」受賞作品
作詞：宮崎祐里子／作曲：望月竜太

○まっくら旅行（未就学児から大人まで）
作詞：ささじかおり／作曲：神保創一

○もうすぐ卒業式
（小学生中～高学年・合唱希望）
作詞：境まさる／作曲：松岡まさる

○約束の道　帰り道
作詞：野田裕司／作曲：木村茂雄

○ゆきふわり
第3回　新しいこどもの歌作詞コンクール
「こいのぼり賞」受賞作品
作詞：萩原里実／作曲：白谷仁子

○夢の約束
作詞：さいとうかよこ／作曲：西田直嗣

○ラーメンいっちょう！
（小学校低学年向け）
作詞：三木ちかこ／作曲：岩下周二

○りすのこ
作詞：宝積侑子／作曲：藤元薫子

○りんりん鈴虫りん太郎
（小学生中～高学年合唱または女性希望）
作詞：清水みどり／作曲：松岡まさる

ぜんじおん子どものうた 2

令和6年8月26日 第1版第1刷

編・著者　一般社団法人 全日本児童音楽協会
東京都渋谷区本町 4-9-1-1F
Office.SHIMOJISSIMO 内
電話：03-6383-3936　FAX：03-6300-9937
発　　行　株式会社 ハンナ
東京都立川市高松町 3-14-11-501
http://www.chopin.co.jp

表紙イラスト：果那ときお
表紙デザイン：根津美樹
楽譜浄書：メイプルミュージック
印刷・製本：モリモト印刷株式会社

この曲集は、一般社団法人日本音楽著作権協会（JASRAC）の「会員関係団体の実施事業に対する助成」、
一般社団法人授業目的公衆送信補償金等管理協会（SARTRAS）の共通目的基金の助成を受け発行されています

日本音楽著作権協会（出）許諾第 2405339-401
（許諾番号の対象は、当該出版物中、当協会が許諾することのできる著作物に限られます）
 ISBN978-4-907121-86-0